CHRISTIANE VON GRONE

Mitarbeit: Cornelia Nitsch

◆　◆　◆

Das
Großeltern-
Handbuch

• • • Inhalt • • •

••• Inhalt •••

EIN WORT ZUVOR

Erst das lange Hoffen, dann endlich die große Freude über unser erstes Enkelkind. Auch darüber, wie sehr wir als Großeltern gebraucht werden. Seit wir noch weitere Enkelkinder bekommen haben, sind wir vierfach im Einsatz. Das größte Geschenk für mich: Mit jedem Enkelkind erlebe ich noch einmal eine neue große Liebe, ebenso groß wie die zu meinen Söhnen.

Das Verhältnis zwischen Alt und Jung sei noch nie so eng gewesen wie heute, sagen die Fachleute. Weshalb das so ist, wie aus Eltern hilfreiche und geliebte Großeltern werden, welche Herausforderungen auf Omas und Opas warten, das erfahren Sie in diesem Buch. In den vergangenen Jahren hat sich Grundsätzliches verändert. In der Pflege. In der Erziehung. Dazu kommen neue Erkenntnisse über die Entwicklung von kleinen und größeren Kindern.

Als vierfache, begeisterte Großmutter will ich meine Freude an den Enkelkindern an Sie weitergeben, will Sie ermutigen, verständnisvolle Großeltern zu sein, die sich auf ihre Intuition verlassen und keine Angst haben, Fehler zu machen. Aber nicht nur meine eigenen Erfahrungen fließen in dieses Buch ein, sondern auch die anderer Eltern, Omas und Opas aus meinem Umfeld, die ich befragt habe. Außerdem kommen Großeltern zu Wort, mit denen ich auf dem Spielplatz, im Tierpark, im Café ins Gespräch gekommen bin.

Großeltern prägen ihre Enkelkinder wesentlich. Enkelkinder beeinflussen Oma und Opa. Lassen Sie sich darauf ein, gemeinsam mit Ihrem Enkelkind die Welt neu zu entdecken!

Ihre

Christiane von Frone

WIR WERDEN GROSSELTERN!

Plötzlich wird der Traum wahr: eine Riesenfreude!
Bald wird es in unserem Leben wieder mehr Lachen,
Spontaneität, Lebendigkeit, Glauben an die Zukunft
geben – alles durch ein wonniges Baby, das sich weich
und warm anfühlt, winzig, federleicht. Das wir im Arm
halten und anhimmeln dürfen. Das uns aus großen
Augen anschaut. Ein bisschen wird dieses Baby auch
unser Kind sein.

NEUE ROLLE, NEUE AUFGABEN

Wann werde ich Oma? Wann werde ich Opa? Diese Frage hat sich nun endlich erledigt, und das Warten hat ein Ende. Denn unser Traum wird wahr, und zwar schon bald!

Die Beziehung zwischen Eltern, Kindern und den Enkelkindern ist ein üppiges Geben und Nehmen. Oma und Opa spendieren Zeit, Engagement, Kakao, Vorlesegeschichten, Gummibärchen und noch viel mehr. Weil sie ihr Enkelkind heiß und innig lieben, zeigen sie ihm: Wir sind von Herzen gern mit dir zusammen.

Das Enkelkind gibt seinen Großeltern diese Liebe zurück: Es strahlt, sobald sie aufkreuzen, schenkt ihnen sein schönstes Lächeln und seinen Lieblingsteddy. Manchmal klettert es auch auf Opas Schoß, zum Kuscheln, Plaudern oder Spielen. Natürlich sind solche Bilder Klischees. Aber manchmal werden Klischees auch wahr.

ZUKUNFTSVISIONEN

Die Entscheidung unserer Kinder für ein Baby ist für mich auch Bestätigung unserer Wertvorstellungen, unserer Erziehung. Das freut mich. Lange habe ich auf diesen Moment gewartet, weil sich unsere Kinder mit dem Kinderkriegen ordentlich Zeit gelassen haben. Schließlich sind die meisten Mütter heute zwischen 29 und 32, wenn sie ihr erstes Kind zur Welt bringen, viele warten sogar bis Ende 30, Anfang 40. Umso schöner, wenn das Thema plötzlich aktuell ist. Omas sind heute bei der Geburt ihres ersten Enkelkindes im Schnitt 52, Opas 55 Jahre alt. Zwei von drei Frauen sind berufstätig, wenn sie Großmutter werden.

»Große Neuigkeit: Wir sind schwanger!«

Melanie, 56: »Mich traf die Nachricht vom ersten Enkelkind nicht überraschend, denn zuerst teilte mir mein Sohn mit, er und seine Freundin wollten heiraten. Warum so plötzlich? Beide sind erst Ende zwanzig, für heutige Verhältnisse also jung, und stehen am Anfang ihrer beruflichen Karriere. Auf meinen fragenden Blick gestanden sie, dass sie ein Baby erwarten. Ich freue mich riesig.«

Gerlinde, 64: »Oma und Opa werden ist super. Aber mein Mann und ich sind so weit weg vom Thema Kinder und Familie!«

Lotta, 48: »Meine Tochter Lene ist erst 20, ohne festen Freund und mitten in der Ausbildung. Neulich abends legte sie mir mit bangem Herzen einen Zettel auf den Tisch: ›Du wirst Omi!‹ Ich sagte ihr: ›Zusammen schaffen wir das schon!‹«

Axel, 57: »Mit seiner Ankündigung ›Ich werde Vater‹ nahm ich meinen Sohn zum ersten Mal als ›richtigen‹ Erwachsenen wahr.«

Versäumtes nachholen

Großeltern nutzen bei ihrem Enkelkind gern die Chance, endlich richtig Zeit zu haben. War bei den eigenen Kindern die Zeit knapp, etwa durch Berufseinstieg, Hausbau und Hobbys, so können sie jetzt öfter in Ruhe mit dem Enkelkind Türme bauen, Lieder singen und Monopoly spielen.

»Später« und »Jetzt nicht« soll es nicht mehr heißen, sondern: »Ich bin für dich da.« Ich selbst würde am liebsten gleich mit Oma-Aktivitäten loslegen! In vielen Familien werden auch Schätze gehütet, die nun wieder zum Einsatz kommen: der Stubenwagen, die Wiege, die Kleidungsstücke für die Erstausstattung, das Kasperltheater.

EIN GANZ NEUES LEBENSGEFÜHL

Mit jedem neuen Tag wächst die Freude auf das Baby, unser erstes Enkelkind. Noch müssen wir uns in Geduld üben und uns damit begnügen, junge Mütter und Väter begeistert anzustrahlen, die uns auf der Straße mit Kind entgegenkommen, und verstohlen einen Blick in die Kinderwagen zu werfen.

Auf einmal sehen wir überall Babys und Schwangere: im Café, in der U-Bahn, im Park. Spielzeugläden und Geschäfte für Kinderklamotten ziehen uns plötzlich magisch an.

>> **Voller Vorfreude**
entdecken wir überall
junge Mütter und **stolze Väter**
und können der Versuchung
kaum widerstehen,
die Winzlinge zu bestaunen. <<

Wir freuen uns sehr darauf, bald ebenfalls mit Baby unterwegs zu sein. Meine Begeisterung als werdende Oma steigert sich noch, als ich in dem über so viele Jahre aufbewahrten Enkelkoffer »meine« Lieblingsstrampelhosen und Babyhemdchen wiederentdecke. Ob diese alten Schätze unseren Kindern heute noch Freude bereiten werden? Bloß nicht enttäuscht sein, falls die Jungen wenig Interesse an den gehorteten Dingen zeigen, die mir selbst am Herzen liegen.

Wie sind die heutigen Großeltern?

Wie stelle ich mir eigentlich eine Großmutter vor? Keinesfalls mit grauem Dutt im Nacken und Strickstrumpf in der Hand. Heute stiefeln Omas in Jeans durchs Leben, und Opas sind per Rennrad unterwegs. Es gibt aber viele verschiedene Typen von Großeltern: die mütterliche, die fürsorgliche, die patente, die überbeschäftigte oder intellektuelle Oma – und die, die mit Kindern nichts am Hut haben will. Auch die Opas lassen sich nicht über einen Kamm scheren. Eins jedoch haben alle gemeinsam: Sie sind überzeugte Individualisten, die mit starren Oma- und Opa-Bildern nichts anfangen können. Jeder hat seine eigenen Ideen und Vorstellungen von der Zeit, die jetzt auf ihn zukommt.

Unter uns Junggebliebenen …

Außer ihrem ausgeprägten Individualismus eint Ältere heutzutage dieses: Sie fühlen sich um Jahre jünger, als sich die eigenen Eltern im gleichen Lebensabschnitt gefühlt haben. Trotz Falten sind sie jung geblieben, dazu mobil, unabhängig, flexibel, belastbar. Sie sehen bunter aus als frühere Omas und Opas. Von Kopf bis Fuß signalisieren sie: Wir zählen noch lange nicht zum alten Eisen, sind so fit wie keine Generation zuvor in unserem Alter. Unsere Lebensumstände sind erheblich besser und angenehmer als bei sämtlichen Großelterngenerationen vor uns. In dieser Einschätzung werden sie von den Medien unterstützt. Eine mögliche Erklärung: Die Menschen heiraten heute nicht nur später und bekommen später ihre Kinder, sondern werden auch später »alt« – dank besserer finanzieller Vorsorge, medizinischer Versorgung, Bildung und eines gesünderen Lebensstils. Aufgrund ihrer besonderen Dynamik – so die Sicht der jüngeren auf die ältere Generation – werden die

Eltern, so munter und vital, wie sie sind, demnächst wunderbar als Oma und Opa »einsetzbar« sein. Welch ein Glück für Kinder und Enkel. Auch für uns Großeltern! Ich vertraue jedenfalls darauf, dass mich unser Enkelkind ordentlich auf Trab halten wird. Wenn wir Älteren hautnah miterleben können, was Kinder heute denken, fühlen und tun, bleiben wir länger auf der Höhe der Zeit – auch das ist ein erstrebenswertes Ziel.

Die verschiedenen Oma-Typen

▶ *Die Bilderbuch-(Ur-)Oma* trägt schwarze, hochgeschlossene Kleider und die Haare streng in einem Knoten. Sie strickt für ihr Enkelkind Jäckchen, Mützen und Söckchen, näht Knöpfe an und flickt den Riss in der Jeans, der eigentlich ein modischer Akzent war. Da sie selbst Kinder großgezogen hat, gibt sie gerne Ratschläge, fühlt sich aber nicht mehr fit genug, ein Baby zu betreuen.

▶ *Die Jeden-Tag-Oma* wohnt um die Ecke und verschafft der jungen Mutter jeden Tag ein paar entspannte Stunden. Wenn die Tochter oder Schwiegertochter nach der Geburt bald wieder arbeitet, übernimmt die Oma ihr erstes Enkelkind voll, bis das Einjährige einen Krippenplatz bekommt. Sie kauft ein, kocht, wäscht, bügelt: Da sie nicht (mehr) berufstätig ist, freut sie sich über die neue Aufgabe.

▶ *Die Notfall-Oma* springt ins Auto, setzt sich in den nächsten Zug oder Flieger, um zur Stelle zu sein, wenn Enkelkind oder Mutter krank sind, eine Dienstreise der Berufstätigen ansteht, der Babysitter ausfällt und die Eltern zur Hochzeit ihrer besten Freunde fliegen möchten. Sie freut sich, dass sie gebraucht wird.

▶ *Die unternehmungslustige Oma* schiebt das Baby beim Shoppen durch die Stadt, geht mit ihm in Museen und den Zoo, trifft sich mit einer anderen frischgebackenen Großmutter im Café. Später verabredet sie sich mit befreundeten Großmüttern am Spielplatz.

▶ *Die Nicht-Oma* sieht aus wie die ältere Schwester ihrer Kinder und fühlt sich auch so. Sie ist vielleicht Single und hat gerade einen neuen Mann kennengelernt. Sie findet, dass sie ihr Soll in der Kindererziehung erfüllt hat, und will ihr Leben genießen.

Die verschiedenen Opa-Typen

▸ *Der strenge Opa* zeigt kein übermäßiges Interesse an seinem ersten Enkelkind – das aber bitteschön ein Enkelsohn sein sollte. Wenn das Kind brüllt, ergreift Opa die Flucht. Erst wenn er sich mit dem Enkelkind unterhalten kann, erwacht langsam sein Interesse. Aber wehe, wenn der Kleine nicht so will wie er!

▸ *Der lustige Opa* hat zwar nichts mit Wickeln und Füttern am Hut (das überlässt er lieber der Oma), aber er wackelt mit den Ohren, rutscht auf dem Boden herum und spielt Pferdchen, hüpft, tanzt, pfeift und singt. Er ist für jeden Unsinn zu haben und verblüfft damit seine Familie, die ihn so gar nicht kannte.

▸ *Der moderne Opa* nimmt sein erstes Enkelkind sofort ohne jede Scheu auf den Arm und wickelt es, ohne die Nase zu rümpfen. Er war bei seinen eigenen Kindern einer der ersten »neuen« Väter – oder wäre es zumindest gewesen, wenn man ihn gelassen hätte. Jetzt schiebt er den Kinderwagen (selbstverständlich das schickste High-tech-Modell), den er den jungen Eltern geschenkt hat, stolz durch die Gegend und genießt die anerkennenden Blicke der Damenwelt.

▸ *Der Sonntags-Opa* ist noch berufstätig. Jedes Mal bringt er seinem Enkelkind etwas Tolles mit. So richtig Feuer und Flamme ist er aber erst, wenn er dem Enkelkind etwas Besonderes beibringen kann: Skifahren, Segeln, Bergwandern oder Schachspielen.

▸ *Der Nicht-Opa* mag es nicht, wenn ihn seine Frau allein lässt, um den Enkel zu hüten. Er möchte im Mittelpunkt stehen, umsorgt werden, den Ruhestand zusammen mit seiner Frau genießen. Kinder stören ihn beim Zeitunglesen, machen Unordnung und Krach.

ZWEIFEL UND ZUVERSICHT

»Ihr werdet Großeltern!« – Längst nicht bei allen löst diese Botschaft nur Freude aus. Viele zukünftige Großeltern reagieren skeptisch, ratlos, müssen tief Luft holen, bevor sie Antworten finden auf Fragen wie: Passen die neuen Aufgaben zu uns? Haben wir Lust auf ein kleines Kind, das quengelt und quäkt? Wollen wir nicht lieber endlich unsere Freiheit genießen?

Meist überwinden Skeptiker ihre Zweifel bald und freuen sich nach der anfänglichen Unsicherheit auf den Familienzuwachs: »Was soll's, natürlich werden wir unsere Freiheit trotzdem ausreichend genießen. Alles wird gut. Wir werden brauchbare Großeltern sein, genau die richtigen für unser Enkelkind!« Schließlich überwiegt die Neugierde auf das Kind und darauf, wie sich die eigenen Kinder als Eltern machen werden.

Jetzt schon Großeltern?

Friedrich, 65: »Ich und Opa? Das kann nicht wahr sein. Bin ich so alt? Wo sind all die Jahrzehnte geblieben? War doch erst gestern, als ich unsere Kinder im Buggy um die Ecken gekarrt habe …«

Monika, 55: »Ist noch nicht lange her, dass ich kleine Ärmchen durch kleine Jackenärmel, winzige Socken über winzige Babyfüße gezogen habe. Ehrlich: Ich habe keine Lust auf Gläschenwärmen und Breifüttern, ich will nicht schon wieder Kindersitze im Auto verankern und im Schneckentempo spazieren gehen.«

Rudolph, 63: »Nach langen Berufsjahren möchte ich jetzt meine Freiheit haben. Ich will mein Leben unbeschwert genießen und reisen, ohne Rücksicht auf die Belange anderer.«

Zuwenden, zurückhalten, Balance wahren

Sie könnten die ganze Welt umarmen. Alle sollen sehen, wie glücklich, wie aufgeregt sie sind – werdende Eltern teilen die Freude aufs Baby gerne mit dem Rest ihrer Familie. Die gute Stimmung kippt allerdings, wenn die überglücklichen Großeltern im Überschwang ihrer Gefühle zu intensiv Anteil nehmen am neuen Glück. Wenn sie immer neue Tipps zum Thema Schwangerschaft, Babypflege, Gesundheit aus dem Hut zaubern. Übereifrige Großeltern dürfen sich nicht wundern, wenn sie von ihren Kindern heftigen Gegenwind spüren: »Mitfreuen? Gut, aber nicht zu intensiv mitfühlen, mitdenken, mitfiebern, schon gar nicht mitbestimmen. Verschont uns mit zu intensiver Anteilnahme. Mit Geschichten wie ›Als ich damals mit dir schwanger war …‹ oder: ›Mein Arzt hat mir damals geraten …‹ Rückt uns nicht zu dicht auf die Pelle, sondern lasst uns Raum zum Atmen! Das Kind wird unser Kind sein und nicht eures!« Erwachsene Kinder wollen nur auf eigene Anfrage beraten werden. Ihr Interesse an den Lebensweisheiten älterer Semester hält sich in Grenzen. Anregungen, Tipps, Hinweise – alles zusammen wird schnell als Bevormundung empfunden und abgeschmettert mit einem »Allein unsere Sache!«. Großeltern stehen in der zweiten und nicht in der ersten Reihe, das ist die erste Lektion, die ich lerne. Deshalb wahre ich Abstand zu »meiner« jungen Familie, bei gleichzeitiger herzlicher Anteilnahme – ein gekonntes Sowohl-als-auch. Umso glücklicher bin ich, als ich meine Hand auf den Babybauch meiner Schwiegertochter legen darf: »Fühl mal, wie das Baby strampelt!«

>> Die Balance finden – auch die zukünftigen Eltern haben damit zu tun, denn neben Vorfreude bedeutet Schwangerschaft auch ein beträchtliches Maß an Unsicherheit und Ängsten: Hoffentlich wird alles gut! <<

In dieser Phase kann der Part der Großeltern in spe darin bestehen, Zuversicht und Gelassenheit auszustrahlen: Sie sind der ruhende Pol, die Mutmacher im Hintergrund.

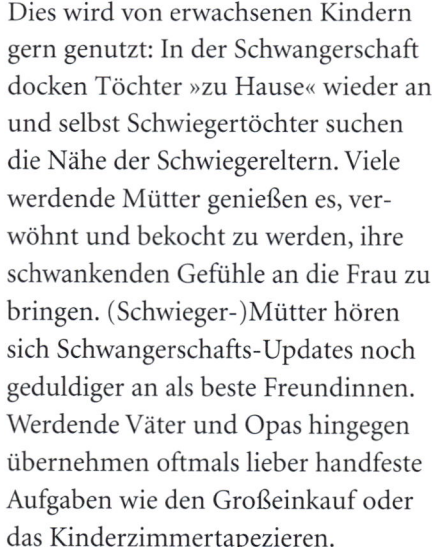

Dies wird von erwachsenen Kindern gern genutzt: In der Schwangerschaft docken Töchter »zu Hause« wieder an, und selbst Schwiegertöchter suchen die Nähe der Schwiegereltern. Viele werdende Mütter genießen es, verwöhnt und bekocht zu werden, ihre schwankenden Gefühle an die Frau zu bringen. (Schwieger-)Mütter hören sich Schwangerschafts-Updates noch geduldiger an als beste Freundinnen. Werdende Väter und Opas hingegen übernehmen oftmals lieber handfeste Aufgaben wie den Großeinkauf oder das Kinderzimmertapezieren.

Hilfe bedeutet oft auch finanzielle Unterstützung

Es fließt viel Geld von den Älteren zu den Jüngeren, haben Studien ergeben.

Laut Familienministerium investieren deutsche Großeltern 22 Milliarden Euro in ihre Kinder samt Familien: für die Finanzierung einer Wohnung, die Ausbildung des Nachwuchses, für Klamottenkäufe und den Familienurlaub. Drei Viertel der Bevölkerung vertrauen in schwierigen Lebenslagen auf die finanzielle Hilfe ihrer Familie. Wenn sie es sich leisten können, sind Omas und Opas seit eh und je großzügig. Viele betrachten den internen Finanztransfer als Akt der Solidarität, als Kitt, der die Familie zusammenhält, und meinen: Warum nicht helfen, wenn geholfen werden kann? Erst recht, wenn die eigenen Kinder finanziell auf keinen grünen Zweig kommen – ist ja kein Wunder, dass die Kasse leer ist, bei all den Ausgaben! Manche Großeltern stellen sogar ihre eigenen Ansprüche hintan, wenn ihre Kinder in der Klemme sind.

Wer die nächste Generation permanent finanziell unterstützt, fragt sich irgendwann: Verwöhnen wir mit den Geldgeschenken die Jungen zu sehr? Ermöglicht das Geld, das wir geben, mehr Chancen, oder hebelt es die Eigenverantwortung aus und fördert die Unselbstständigkeit? Verhindert es, dass unsere erwachsenen Kinder kapieren, wie viel Familie kostet? Oft fällt es Älteren schwer, den eigenen Einsatz richtig einzuschätzen und vernünftig zu dosieren. Übungssache: Auf Dauer gelingt es den meisten, das richtige Maß zu finden, sagen die Experten.

Ambivalente Gefühle

Miriam, 54: »Ich traue mich kaum, meine Sorgen anzusprechen: Wie wollt ihr ein Leben mit Kind schaffen, wenn ihr noch in der Ausbildung seid? Wo soll das Baby in eurer Zwergenwohnung seinen eigenen Bereich haben?«

Rosie, 52: »Meine Kinder wollen schon alles haben: Erfolg, Geld – und Kinder. Natürlich bin ich stolz auf sie. Aber ob dieses intensive Pensum, das sie bewältigen, ihren Kindern gut tun wird?«

Christoph, 50: »Meine Schwiegertochter ermahnt mich zu mehr Engagement. Ob ich nicht ein Extrakonto für mein Enkelkind eröffnen wolle. Aber unter Druck stelle ich mich extra stur!«

Nikolai, 60: »Mit meinem Schwiegersohn ist nicht gut Kirschen essen. Er ist unzuverlässig und dauernd schlecht gelaunt … Ich zeige meine Vorbehalte aber nicht, meiner Tochter zuliebe.«

DIE VORFREUDE WÄCHST

Werdende Großeltern leben in gespannter Erwartung: Was kommt auf uns zu? Ich male mir aus, wie unser Enkelkind aussehen, wie es später sein wird – und natürlich, wie es heißen wird.

Ganz die Oma, ganz der Opa? Wird unser Enkelkind dunkle Haare haben wie sein Vater oder blonde wie seine Großmutter, knallblaue Augen wie »unser« Opa oder braune wie der »andere« Opa? Wird es seiner Mutter wie aus dem Gesicht geschnitten sein? Wird es so musikalisch sein wie der Großvater, vielleicht dessen mathematische Begabung erben oder mehr nach mir schlagen und später begeistert malen? Heimlich, still und leise hoffe ich, dass es ein wenig nach seinen Großeltern kommen wird.

Und wie ist das mit den Genen? Wie viel Ähnlichkeit mit der nahen Verwandtschaft ist vom eigenen »Fleisch und Blut« zu erwarten?

UNENDLICHE MÖGLICHKEITEN

Die Würfel über die genetische Ausstattung unseres Enkelkindes, die sein Aussehen und seine Eigenschaften bestimmen, sind längst gefallen. Das Baby hat 23 Chromosomen aus der Eizelle und 23 aus der Samenzelle bekommen. Also stammt jeweils die eine Hälfte der 46 Chromosomen, die in jeder Körperzelle enthalten sind, von seiner Mutter, die andere von seinem Vater. Jedes Chromosom trägt über tausend Erbanlagen, daraus ergeben sich unendlich viele Kombinationsmöglichkeiten. Angesichts dieses »Puzzles« verwundert es fast, wenn es später Familienähnlichkeiten gibt.

Es gibt übrigens dominante (starke) Erbanlagen, die sich gegen rezessive (schwache) meistens durchsetzen – zum Beispiel dominiert dunkles Haar über helles und krauses Haar über glattes ... Da Eltern ihren Kindern nicht nur die eigenen Anlagen weitergeben, sondern auch die von uns Großeltern und von den Urgroßeltern, kann ein Kind seiner Oma oder seinem Opa, seiner Uroma und seinem Uropa ähnlicher sehen als seinen Eltern. Wie auch immer unser ersehntes Enkelkind aussehen wird, dieses Aussehen wird sich in den kommenden Jahren, bis ins Erwachsenenalter hinein, noch x-mal verändern: Aus blauen Babyaugen können grüne, graue oder braune Augen werden, aus semmelblonden Locken dunkelbraune. Viele Merkmale und Eigenschaften des Kindes werden auch nicht auf ewig festgelegt sein. Dazu kommt noch, dass man heute weiß: Gene werden auch von außen beeinflusst (Epigenese). Gibt der Großvater zum Beispiel seine Begeisterung für die Mathematik an sein Enkelkind weiter, so kann sich dieses Interesse bei einer entsprechenden Förderung weiterentwickeln und

die Gene des Enkelkindes prägen. Wie wird unser Enkelkind sein? Es wird Jahre dauern, bis wir mehr wissen.

Enkelsohn oder Enkeltochter?

Eine weitere Frage, die Großeltern in spe beschäftigt: Wünschen wir uns eher einen Enkelsohn oder eine Enkeltochter? Die meisten sagen: »Egal, Hauptsache gesund!« Auf Nachfragen hin gestehen manche aber ihre heimlichen Wünsche:

◇ **Einen Stammhalter bekommen.** Opas träumen oft vom »Stammhalter«, der den Namen der Familie tragen wird. Denn obwohl das Namensrecht heute Frauen die Möglichkeit bietet, ihren Mädchennamen weiterzuführen, wählen die meisten Eltern als Kindesnamen den Namen des Vaters.

◇ **Der Enkelin Puppen schenken.** Zukünftige Omas, die selbst Söhne haben, wünschen sich oft eine Enkelin, der sie Puppen schenken können. Ich wünsche mir ein kleines Mädchen, dem ich hübsche Kleidchen schenken kann. Aber wer weiß, vielleicht hält meine Enkelin von Puppen gar nichts und will lieber in Latzhosen herumtoben.

WELCHER NAME PASST?

»Mädchen oder Junge? Das gespannte Warten hatte seinen Reiz!«, sagen mir andere werdende Großeltern. Bei mir aber wächst die Vorfreude mit der Nachricht: Ich werde Großmutter eines kleinen Mädchens! Dieses Mädchen braucht einen Namen. Den auszuwählen ist eine Lieblingsbeschäftigung werdender Eltern und Großeltern!

Eltern fühlen sich heute in der Wahl des Vornamens freier. So »muss« ein Baby nicht mehr nach Großmüttern, Großvätern oder Paten benannt werden. Aber natürlich freut sich jeder, wenn das Enkelkind nach ihm heißen wird – und sei es nur mit einem zweiten Vornamen. Das nährt die Idee, die viele Großeltern im Kopf haben: Wir leben in unseren Kindern und Kindeskindern weiter!

Auch eine Gefühlssache

Friederike, 59: »Als ich erfuhr, dass mein erstes Enkelkind ein Mädchen sein und den Vornamen seiner Urgroßmutter erhalten würde, war ich zuerst erstaunt und dann sehr gerührt.«

Matthias, 70: »Meine drei Töchter haben alle den Nachnamen ihres Mannes angenommen. Unser Familienname wird mit mir verschwinden. Deshalb habe ich mich besonders gefreut, dass ein Enkel wenigstens meinen Vornamen bekommen hat!«

Rosie, 52: »Meine Tochter macht ein Tamtam um den Namen ihrer Tochter ... In Internet-Foren berät sie sich mit anderen werdenden Müttern, welcher Name weshalb passt und welcher nicht. Besonders originell, unverwechselbar soll er sein. Es geht mich im Grunde nichts an, aber dieses Getue ist mir zu viel!«

Die Qual der Wahl ...

... macht die Sache nicht einfacher: Was passt, was passt eher nicht und warum (nicht)?

Wenn ich als Großmutter in die Namenssuche einbezogen werde, beteilige ich mich begeistert – eine spannende Angelegenheit, die ich mit Elan betreibe. Ich trage eigene Ideen bei, spiele mit dem Klang und mit der Bedeutung von Namen und beschäftige mich mit Fragen wie: Welches Image hat ein Name?

Natürlich kämpfe ich ein bisschen für die Durchsetzung meiner Vorstellungen, jedoch nicht ernsthaft. Denn schließlich weiß ich: Zurückhaltung ist angesagt. Als Oma sollte ich höchstens Anregungen ins Spiel bringen, mehr nicht. Die Namenswahl ist selbstverständlich Elternsache!

Weil der Vorname heute eng mit der Individualität zusammenhängt und eine große Rolle in jungen Familien spielt, fällt die Entscheidung für den richtigen, den absoluten Lieblingsnamen meist gar nicht so leicht.

Übrigens darf ein Mädchenname nach landläufiger Meinung ausgefallener sein als ein Jungenname.

Welche Kriterien spielen bei der Suche nach dem Vornamen mit?

◇ **Vorbilder.** Bisweilen bekommt ein Baby den Namen einer eindrucksvollen Persönlichkeit, ob aus der Bibel, der Kunst, dem Sport, der Geschichte. Die Botschaft lautet: An diesem Vorbild kannst du dich orientieren! Oft belastend für ein Kind.

◇ **Image.** Manche Namen gelten als attraktiv, andere als gestrig, wieder andere werden gerade aus der Versenkung geholt und »entstaubt«.

◇ **Klang.** Viele suchen nach einem Namen, der gut klingt, vor allem zusammen mit dem Familiennamen.

◇ **Kurzformen.** Vornamen werden gern abgekürzt. Vorausschauende wählen einen schön abzukürzenden Namen oder gleich einen kurzen. Inzwischen kennen wir den Vornamen unserer Enkeltochter: Sie wird Marie heißen, nach ihrer Urgroßmutter. Damit wird uns unsere noch gar nicht geborene Enkeltochter wieder ein Stück vertrauter.

UNSER ENKELKIND IST DA!

Unsere Enkeltochter Marie ist geboren. Sie ist gesund, rosig und selbstverständlich das schönste Baby der Welt: mit hoher, runder Stirn, großen Augen, die weise ins Leben blicken, auf dem Kopf ein wuscheliger Haarschopf. Nun warten wir Großeltern gespannt darauf, was im ersten Babyjahr so alles auf uns zukommt. Was fängt Marie mit uns an und was wir mit Marie?

UNSERE NEUE, GROSSE LIEBE

Zum ersten Mal besuche ich mein Enkelkind. Nehme es in die Arme, wiege es sanft, genieße die rosige Haut und den unvergleichlichen Babyduft, pudrig und zart – genau wie bei unseren eigenen Kindern.

Ich sehe unserer Enkeltochter Marie in die Augen: Liebe auf den ersten Blick. Eine tiefe, bedingungslose Liebe, die sich sofort so vertraut anfühlt wie die Liebe zu unseren eigenen Söhnen. Mit solch intensiven, überwältigenden Gefühlen hatte ich nicht gerechnet. Ich strahle vor Glück – und das fällt auf. Meine Freundinnen sagen, ich bekäme einen völlig verklärten Blick, wenn ich von Marie schwärme. Ob diese Seligkeit anhalten, ob sich Marie auch in ihre Großeltern verlieben wird? Wir können uns Zeit lassen, um das herauszufinden, denn dank der hohen Lebenserwartung verbringen Enkel heute oft zwanzig, dreißig Jahre mit ihren Großeltern.

VON GANZEM HERZEN GROSSELTERN

Zu hundertfünfzig Prozent Großeltern sein, permanent unser Enkelkind bejubeln? Nicht unser Ding. Aber inzwischen ertappe ich mich dabei, dass ich Fotos von meiner Enkeltochter mit mir herumtrage und hoffe, dass ich gebeten werde, sie vorzuzeigen. Ich freue mich mächtig, wenn ich dann zu hören bekomme: »Ist die süß!« Einige reagieren allerdings genervt auf so viel Begeisterung: »Hoffentlich kann man mit dir überhaupt noch über etwas anderes als über Enkel und kleine Kinder reden«, sagen Freunde, die allen Ernstes meinen, es gäbe etwas Spannenderes als Enkelkinder!

Das schönste Baby der Welt

Melanie, 56: »Meine Söhne wurden jeweils zehn Tage vor dem ›Stichtag‹ geboren. Meine Enkelin Lena kam ein paar Tage nach dem errechneten Termin. Das lange Warten auf das Fräulein hat unsere Nerven ganz schön strapaziert. Umso größer war unsere Freude, als die Kleine endlich da war!«

Axel, 57: »An einem schönen Sommernachmittag klingelte mein Telefon. Die Wehen hatten eingesetzt, mein Sohn und meine Schwiegertochter fuhren zum Krankenhaus. Um Mitternacht war Sofia endlich da. Ein Prachtbaby. Mir fiel ein Stein vom Herzen!«

Monika, 55: »Ein Enkelkind in den Armen halten: ein Geschenk des Himmels und ein ungetrübter Genuss. Schließlich hat man vorher keine Schwangerschaft und keine Schmerzen zu ertragen!«

Gerlinde, 64: »Ich wollte unser gerade geborenes Enkelkind möglichst oft sehen. Aber die erschöpften jungen Eltern wollten mit ihrem Baby zwei Wochen allein verbringen. Meine Nichte tröstete mich: ›Auch ich wollte mir in der ersten Phase mit Baby beweisen, dass ich allein zurechtkomme! Die Schwiegereltern hielten sich verständnisvoll zurück. Das habe ich ihnen hoch angerechnet!‹ Ein Wink mit dem Zaunpfahl, den ich mir zu Herzen nahm.«

Friedrich, 65: »Die Begeisterung für unser gemeinsames Enkelkind hat frischen Wind in die alt gewordene Beziehung zwischen meiner Frau und mir gebracht. So entspannt wie jetzt sind wir seit Jahren nicht miteinander umgegangen. Das macht mich neben der Freude an unserem Enkelkind sehr glücklich!«

Neues Interesse an Familie

Unsere erste Enkeltochter Marie sorgt dafür, dass der Kontakt zu unserem Sohn und unserer Schwiegertochter enger wird, intensiver. Wir wissen, was wir aneinander haben – das ist uns jetzt bewusster als in der Zeit vor dem Kind. Mit Baby wächst das Zusammengehörigkeitsgefühl in der Familie, die Solidarität, Anerkennung und Bereitschaft zur Hilfe. Wir gehen achtsamer, zugewandter, interessierter miteinander um. Das zeigt sich in den guten Zeiten mit Baby und erst recht in den nicht ganz so guten, wenn Marie quengelt.

Die ersten Wochen sind aufregend, überwältigend für unsere Kinder. Alles ist neu. Marie braucht Zeit, um sich an die Welt zu gewöhnen, und ist entsprechend empfindlich. Es dauert, bis sie ihren Rhythmus findet. Ich freue mich, dass Maries Eltern unsere großelterliche Sehnsucht nach dem Enkelkind dennoch im Blick haben und häufiger sagen: »Kommt vorbei. Ihr werdet staunen, wie sehr sie sich in den letzten Tagen verändert hat!«

Sie sagen deutlich, was sie sich von uns in dieser Anfangsphase mit ihrem Baby wünschen:

◇ **Emotionale Unterstützung.** »Es tut gut, von euch in den Arm genommen und gelobt zu werden!«

◇ **Praktische Hilfe.** »Wir brauchen euch!« Obwohl sich unsere Kinder vorgenommen haben, allein mit dem Baby fertigzuwerden, wissen sie mein Kinder-Knowhow zu schätzen: Gelernt ist gelernt! Omas sind Profis, sie »können« mit Babys, da sie in der Vergangenheit manches Kind geschaukelt haben. Jetzt können sie an ihre Erfahrungen anknüpfen, und die jungen Eltern profitieren davon!

Ein Balanceakt

Unsere erwachsenen Kinder vertrauen auf meinen Durchblick in Familiendingen. Den soll ich aber bitte nur dann zeigen, wenn ich darum gebeten werde. Die Zauberformel heißt: Nähe bei gleichzeitiger Zurückhaltung. Bloß nicht übereifrig aufdrängen, nicht das Zepter übernehmen oder gar als moralische Instanz oder Supermama auftreten, sondern immer auf ein Signal der Kinder warten.

Gemeinsam mit den Eltern sorgen Oma und Opa im besten Fall dafür, dass das Baby einen guten Start ins Leben hat. Mit dieser Aufgabe kann ich gleich beginnen: Ich erzähle meiner Enkeltochter von Sonne, Mond und Sternen, zeige ihr, wo ihr Teddy sitzt, und sage: »Es dauert nicht lange, dann verstehst du, was ich dir erzähle!« Ich bewundere Marie: Bei aller Hilflosigkeit ist sie schon sehr aktiv, und außerdem ist sie nicht halb so zerbrechlich, wie ich kleine Babys in Erinnerung hatte.

Begrüßungsrituale

Matthias, 70: »Als echter Patriarch segnete mein Großvater jedes neugeborene Enkelkind. Mir gefällt das Ritual, dem Kind einen Segen mitzugeben: ›Ich wünsche dir ein langes, gesundes Leben!‹«

Melanie, 56: »Wir richten für jedes neue Enkelkind ein Begrüßungsfest aus. Sind alle versammelt, kommen die Eltern mit Baby auf dem Arm herein, stellen es vor, erzählen, wie sie zu seinem Vornamen gekommen sind und was sie für seine Zukunft erhoffen. Dann legen sie ihr Baby demjenigen in die Arme, den sie ausgewählt haben, ihrem Kind ein guter Freund oder Pate zu sein.«

Lotta, 48: »Ich habe neuerdings immer ein Foto von meinem Enkelkind bei mir: ein Stück Familie und Heimat! Wenn mir danach ist, betrachte ich dieses Foto – eine Kraftquelle für mich.«

Friederike, 59: »Ich machte meiner Schwiegertochter nach der Geburt ihres ersten Kindes und meines ersten Enkelkindes ein besonderes Geschenk: Ich steckte ihr den Ring an, den ich zur Geburt meines ersten Kindes von meiner Schwiegermutter bekam.«

So klein und bereits eine Persönlichkeit

Die kleinen Finger, die kleine Nase, die staunenden Augen, die hohe Stirn – am liebsten sitze ich einfach da und schaue Marie zu, wie sie das Leben angeht: Das ist spannender als jeder Fernsehkrimi! Die Kleine umklammert meinen Finger und sucht meinen Blick. Übrigens traut sich inzwischen auch der Opa, den Winzling in die Arme zu schließen und mit ihm zu flüstern.

Schlafen, trinken, gestreichelt werden – viel mehr scheint unser gerade geborenes Enkelkind noch nicht zu erleben und zu brauchen. Aber wenn ich Marie eine Weile beobachte, sehe ich, dass sie noch viel mehr mitbringt als die großen Babyaugen, die mein Gesicht so unverwandt anschauen. Jedes Baby ist schon ein Individuum: Gibt sich das eine ausgeglichen und gemütlich, ist das andere unruhig. Findet das eine gleich nach seiner Ankunft auf der Welt einen einigermaßen regelmäßigen Rhythmus, ist das andere oft überreizt und unzufrieden.

Jedes Kind hat seine eigene Art, das Leben anzugehen, und sein eigenes Entwicklungstempo – die Erfahrung, die ich mit meinen eigenen Kindern einst machte, wird durch Marie wieder bestätigt: Auch sie erobert das Leben auf ihre spezielle Art – vielleicht auf ganz andere Weise, als es unsere eigenen Kinder getan haben. So zart und so klein unsere Enkeltochter noch ist: Schon jetzt wird entschieden deutlich, dass sie eine Persönlichkeit ist und ihren eigenen Kopf hat: einen Charakterkopf mit klarem Profil und ausgeprägten Wünschen.

Kronprinzen und kleine Spätzchen

Axel, 57: »*Ich freue mich ungeheuer, dass mein erstes Enkelkind ein Junge ist – unser Kronprinz! Sein Vater war als Baby ganz anders: ein zarter Schlumpf, viel ruhiger als dieses Kraftbündel!*«

Siggi, 53: »*Es ist noch gar nicht so lange her, dass mein jüngstes Kind auf die Welt gekommen ist. Meine älteste Tochter ist vor ein paar Wochen Mutter geworden. Wenn ich das ›neue‹ Baby mit den Erinnerungen und den Babyfotos von damals vergleiche, kann ich kaum glauben, dass die beiden verwandt sind. Aussehen und Temperament: ein Unterschied wie Tag und Nacht!*«

Matthias, 70: »*Mein gerade geborener Enkel sieht meinem Vater ähnlich, der vor Jahrzehnten gestorben ist. Ich war platt vor Staunen, als ich unseren Enkelsohn erstmals sah: solch eine verblüffende Ähnlichkeit! Zwischen diesen beiden Anfängen eines Leben liegen hundert Jahre. In meinem Alter überblicke ich vier Generationen der Familie – ein geradezu erhabenes Gefühl!*«

In den Enkeln weiterleben?

Während ich mich mit Marie beschäftige, sagt mir mein Bauchgefühl wider alle Vernunft: »Ein Stück von dir lebt in deiner Enkeltochter weiter. Könnte sie nicht da weitermachen, wo du aufhörst?« In meine Fußstapfen treten oder in die ihres Opas? An diesem Punkt sollten Großeltern schnell wieder von Bauch auf Kopf umschalten, von Traum auf Wirklichkeit, denn die Träume der Enkelkinder werden völlig anders aussehen als unsere. Eigene Vorstellungen wie »Ich darf als Oma doch wohl mitbestimmen!« sollten wir schnell vergessen.

ENTWICKLUNGSMEILENSTEINE

Maries Eltern sind zuverlässig und fürsorglich für ihr Baby da. Sie wiegen Marie in den Armen, singen mit ihr, decken sie abends zärtlich zu. Sie geben ihr Wärme, Nähe und viel Aufmerksamkeit.

Hellwach und hochinteressiert, findet Marie auf diese Weise heraus, wen sie da vor sich hat, und baut eine innige Bindung zu Mutter und Vater auf. Wie alle Babys braucht sie vor allem Zuwendung, Geborgenheit und Zärtlichkeit, um ihre Persönlichkeit zu entfalten, Vertrauen in die Menschen und die Welt zu entwickeln.

BINDUNG: DAS A UND O

In den ersten Lebenswochen entsteht und festigt sich die Bindung zwischen Groß und Klein, die das Fundament einer guten Entwicklung ist. Entsteht eine gute, sichere Bindung an ihre Lieben, kann Marie Selbstsicherheit

entwickeln und beziehungsfähig werden. Auf dieser Grundlage kann sie Neues entdecken und erforschen. Weil wir Großeltern in ihrer Nähe leben, lernt uns Marie gut kennen. Als unsere Kinder noch Babys waren, sagte die Wissenschaft: Kleine Kinder brauchen eine feste Bezugsperson. Inzwischen dürfen es mehrere Bezugspersonen sein.

≫ Durch Liebe, Zärtlichkeit, Geborgenheit wirken wir daran mit, dass Maries Bedürfnis nach Wärme und Nähe befriedigt wird. So fördern auch wir ihr Grundvertrauen ins Leben. ≪

Die Familiendynamik verändert sich

Monika, 55: »Als mein Sohn und meine Schwiegertochter noch keine Kinder hatten, war meine Schwiegertochter wahnsinnig eifersüchtig. Wenn sie mitbekam, dass mein Sohn und ich uns ohne sie zum Mittagessen trafen, machte sie eine Riesenszene. Seit sie Mutter geworden ist und ich Großmutter bin, hat sich ihre Einstellung völlig geändert! Ich bin natürlich heilfroh, weiß aber eigentlich nicht so recht, warum sie sich gewandelt hat. Ich bin doch immer noch dieselbe.«

Gerlinde, 64: »Ich war meiner Schwiegertochter früher wirklich schnurzpiepegal. Während ihrer Schwangerschaft veränderte sich aber ihre Wahrnehmung: Ich rückte ins Bild und war plötzlich als Zuhörerin und Begleiterin zum Arzt gefragt. Und seit das Baby auf der Welt ist, bin ich die Allerbeste. Das liegt sicherlich auch daran, dass ich ab und zu aushelfe!«

Nikolai, 60: »Meine Frau und ich hatten unterm Dach ein Kinderzimmer eingerichtet mit allem Drum und Dran, samt Teddybär und Badeente. Die Gestaltung dieses Kinderreichs hat uns einfach Spaß gemacht. Unsere Tochter war von unseren Vorbereitungen aber gar nicht begeistert. ›Ihr habt uns überrannt!‹, beschwerte sie sich. ›Wir fühlen uns unter Druck gesetzt und verpflichtet, euch das Baby alle naselang zu bringen!‹ So hatten wir das natürlich noch nicht gesehen, und so war es auch nicht gemeint. Wir waren wohl etwas voreilig in unserer Freude! Aus dem Raum haben wir mittlerweile ein gemütliches Zimmer für alle Gäste gemacht.«

WAS ICH SCHON ALLES KANN ...

Fasziniert schaue ich Marie beim Wachsen zu und staune: Sie entwickelt sich in Riesenschritten. Einfach genial, was ein kleines Baby in seiner ersten Lebensphase leistet, und aufregend für mich, dieses Entwicklungswunder erneut zu erleben. Bei Marie bin ich ruhiger und gelassener als bei unseren eigenen Kindern, und schaue vor allem fasziniert zu, was sich in ihrer Entwicklung so alles tut.

Vom »kompetenten Baby«

Heute weiß ich mehr als früher: Als unsere Kinder klein waren, wurde noch vom »dummen ersten Vierteljahr« gesprochen, vom Säugling als »unbeschriebenem Blatt«. In seinen ersten Lebenswochen bekomme ein Baby von seiner Umgebung kaum etwas mit, hieß es damals. Ein lange überholter Standpunkt! Inzwischen sprechen die Forscher vom »kompetenten Baby«, das vom ersten Schrei an durchaus weiß, was es will, und mit all seinen Sinnen daran arbeitet, zu bekommen, was es braucht.

Ich beobachte, wie Marie ihre Kontakte steuert. Mithilfe ihrer schon sehr vielfältigen Möglichkeiten von Gestik und Mimik, vor allem mit ihren Augen, fordert sie mich auf, ein »Gespräch« mit ihr zu beginnen. Wenn Marie genug hat von unserer »Unterhaltung«, beendet sie diese wieder, indem sie gähnt, wegguckt oder einfach einschläft.

Heute weiß man außerdem, dass ein Säugling bereits etliche Fähigkeiten mit auf die Welt bringt, zum Beispiel Sehen, Hören, Riechen und Fühlen, und auf die Bestätigung seiner Vorstellungen aus ist. Jedes Baby will seinen selbst gesteckten Zielen so früh wie möglich entgegenkugeln, -robben, -kriechen und -laufen. Eltern und Großeltern begleiten diesen Prozess, feuern an, loben, helfen, applaudieren und unterstützen den kindlichen Drang nach mehr Wissen und Können in ganz unterschiedlichen Bereichen:

◇ **Motorik.** Marie bewegt ihre Hände, Arme, Beine und Füße immer geschickter. Sie entwickelt in rasantem Tempo ihre motorischen Fähigkeiten. Ich reiche ihr meine Finger zum Festhalten, spiele mit ihren Beinen.

◇ **Denken.** Die vielfältigen Dinge der Welt kann man nach bestimmten Gesichtspunkten sortieren. Weil sie die Welt begreifen will, macht sich Marie frühzeitig an die Arbeit. Ich biete ihr einen roten, einen blauen, einen gelben Ball an: Nimmt sie die Unterschiede schon wahr, oder dauert das noch?

◇ **Sprache.** Noch tut sich hier anscheinend nicht viel, aber erste Vorbereitungen werden getroffen: Marie lauscht, gurgelt, jauchzt. Den Sinn der Worte verstehen, Laute aneinanderreihen und sprechen lernen – das kommt noch. Derweil spreche ich in ihrer »Sprache« mit ihr: Ich gurgle, zirpe, spiele mit Lauten.

◇ **Soziales Verhalten.** Regeln im Umgang mit anderen erkennen und berücksichtigen, erste Schritte weg von Mamis Rockzipfel wagen: Es ist noch lange hin, bis Marie das lernt. Bis dahin nehme ich sie auf den Schoß und sage ihr: »Vieles bringst du dir allein bei. Den Rest zeigen wir dir!«

◇ **Menschenkenntnis.** Wer bin ich? Wer sind die anderen? Spätestens gegen Ende des zweiten Lebensjahres entdeckt ein Kind sein Ich und erkennt sich im Spiegel. Ich freue mich darauf,

das erste »ich« von Marie zu hören, aber da müssen wir noch etwas warten. Derweil stehe ich mit ihr vor dem Spiegel und erkläre: »Das bist du. Das ist die Oma!«

Leute beobachten, mit den Fingern spielen, Töne ausprobieren – jedes Baby sucht sich seine Ziele, seinen Lernstoff am liebsten selbst aus. So interessiert Marie das Mobile überm Bett noch kein bisschen, aber die knallrote Rassel gefällt ihr.

Genau wie ihre Altersgenossen ist Marie ein geborener Forscher, der leidenschaftlich die Dinge des Lebens erkundet. Sie guckt sich um, schnuppert, lauscht – es ist schon erstaunlich, wie früh sie damit anfängt.

Aber Marie ist nicht immer nur gut gelaunt. Sie kann auch ganz anders.

35

TIEFS GEHÖREN DAZU

Ein Baby will nicht immer so, wie andere wollen. Auch Marie kann unzufrieden sein. Dann weint sie, schreit und brüllt schließlich und lässt sich kaum mehr beruhigen. In solchen Momenten verwandelt sich die süße kleine Marie in eine Nervensäge und zeigt, was in ihr steckt: ein ausgeprägter Wille und jede Menge Energie.

»Warum bloß nörgelt und jammert unser Baby?«, fragen sich die verunsicherten Eltern, denen langsam bewusst wird, dass es eine ganze Weile dauert, bis Mama, Papa und Baby im Team ein Gefühl füreinander entwickeln und sich verstehen. Dazu kommen weitere Tücken: Das Baby leidet unter Blähungen, seine Mutter unter einer Brustentzündung, und Papa hat keine Zeit zum Einkaufen, weil er zur Arbeit muss ...

Hilfe – nicht immer erwünscht

Nikolai, 60: »Ich liebe mein Enkelkind, bekomme es aber kaum einmal zu sehen, obwohl die junge Familie nur ein paar Straßen entfernt lebt. Meine Tochter mag nicht zugeben, dass nicht nur eitel Sonnenschein herrscht. Sie wollen einfach die perfekte Fassade aufrechterhalten, und das würde nicht funktionieren, wenn ich hinter die Kulissen schauen dürfte!«

Rudolph, 63: »Unsere Kinder sind sich selbst genug mit ihrem Baby. Sie schotten sich so fest ab, als würden sie auf einer Burg leben. Noch nicht einmal den Großeltern wird Einlass gewährt.«

Monika, 55: »Wenn ich frage, ob sie Unterstützung brauchen in der ersten Phase mit Baby, heißt es immer: ›Alles super – bleib, wo du bist!‹ Kein Bedarf an Hilfe! Also bleibe ich, wo ich bin.«

Bricht in der jungen Familie das Chaos aus, geben unsere Kinder ein Zeichen: Oma oder Opa wird als Nothelfer geordert. Als Fels in der Brandung. Als Bollwerk gegen Überforderung. Als Feuerwehr zum Löschen. Zum Wickeln, Waschen, Fiebermessen, zum Einkaufen und Kochen. Oma und Opa behalten den Überblick und können jetzt bewährte Kniffe anbringen:

◇ **Entspannung für Babys.** Das Kind bäuchlings auf den Unterarm legen. Oder auf einer weichen Decke auf den Rücken und den Bauch sanft kreisend streicheln. Es fest an sich drücken und mit ihm im Wiegeschritt durch die Wohnung wandern.

◇ **Entspannung für Eltern.** Die dürfen sich aufs Bett legen, tief und gleichmäßig in den Bauch atmen, von den Haarspitzen bis zur großen Zehe entspannen. Kurz an die frische Luft gehen und kräftig durchatmen. Lieblingsmusik hören und für eine Weile das Chaos vergessen.

Dass großelterliches Engagement der Familie nützt, wussten bereits die Höhlenmenschen. Eine Meinung, die sich gehalten hat. So fand das Max-Planck-Institut für demografische

»Richtig« helfen

Das hat sich bewährt:

▸ Interesse an den Freuden und den Nöten der erwachsenen Kinder zeigen.

▸ Zuverlässigkeit, Planung und Überblick im Alltag anbieten.

▸ Offenheit im Umgang, Konflikte ansprechen und lösen.

▸ Grenzen akzeptieren. Regeln verabreden.

▸ Anerkennen und loben.

▸ Selbstbestimmung aller Familienmitglieder fördern.

▸ Seltener von eigenen Sehnsüchten sprechen, öfter auf die der jungen Familie eingehen.

▸ Kontakt anbieten, aber nicht aufdrängen.

Forschung heraus, dass sich junge Paare eher für ein Kind entscheiden, wenn die werdenden Großeltern bereit sind, bei der Betreuung zu helfen.

ERFAHRUNGEN WEITERGEBEN

Dass Großeltern in Stressmomenten gute Ratgeber sind, bekommen die meisten jungen Familien schnell spitz. Dank ihrer langjährigen Erfahrung verfügen die Älteren über die Intuition und Sicherheit, die unerfahrenen Eltern oft noch fehlt.

D as ist die Intuition der Großmütter: Aus dem Bauch heraus wissen besonders Omas oft, was zu tun ist, wenn sich das Baby unzufrieden zeigt.

◇ **Marie ist müde.** Hinlegen oder abwarten? Während Maries Eltern ihre weinende Tochter unentschlossen umkreisen und unsicher sind, ob ihr Baby mehr Ruhe oder mehr Zärtlichkeit braucht, weiß ich sofort, was ansteht: »Marie braucht kein Wiegen und Schaukeln, sondern ihr Bett!« Nicht selten lässt sich Marie in solchen Momenten schon allein von meiner Sicherheit in der Haltung und der Stimme beeindrucken und kommt zum Erstaunen ihrer erschöpften Eltern tatsächlich zur Ruhe.

◇ **Marie hat Bauchweh.** Babyerfahrene können das Weinen eines Babys sicherer deuten: »Das klingt nach Blähungen und nicht nach Hunger!« Auch hier sind Großmütter und ihr meist verlässliches Bauchgefühl sehr gut zu gebrauchen.

Die Kehrseite der Medaille: Ältere Semester, die sich vor allem auf ihre Lebenserfahrung berufen, sind nicht unbedingt an neueren Erkenntnissen interessiert. Junge Eltern dagegen bringen sich heute auf den neuesten Stand und bereiten sich gründlich auf ihr Baby vor. Beides hat seine Berechtigung! Die Folge dieser unterschiedlichen Herangehensweisen sind aber manchmal gereizte Stimmung und erste Konflikte.

Dankbar für Ratschläge?

Rosie, 52: »*Unsere Kinder hatten romantische Vorstellungen von der ersten Zeit mit Baby. Als sie merkten, dass ihr Alltag nicht nur rosarot-himmelblau ist, wurden sie nervös. Ihre Anspannung übertrug sich auf ihren kleinen Sohn, der nur noch brüllte. Verwirrt durch widersprüchliche Informationen über Babybedürfnisse, wussten sie nicht, was richtig war: Herumtragen? Hart bleiben und ins Bett packen? Sich mit anderen Müttern auszutauschen verunsicherte meine Tochter noch mehr. Schließlich überwand sie ihren Stolz und fragte mich um Rat. Eine Weile kümmerten wir uns gemeinsam um das Baby und kamen erstaunlich gut miteinander aus. Ich bin wieder abgezogen, als sie sich sicherer fühlte.*«

DIE GELASSENHEIT DER GROSSELTERN

Viele Großeltern haben mehr Gelassenheit zu bieten, gehen das Leben entspannter an als junge Eltern: Sie arbeiten weniger angestrengt als früher, müssen häufig nicht länger um Erfolg, Anerkennung und Geld kämpfen und verfügen oft freier über ihre Tage. Sie können bewusster auf Abstand zum täglichen Einerlei gehen und neue Kräfte sammeln. Das Ergebnis: mehr innere Ruhe, Ausgeglichenheit, Abgeklärtheit. Philosophen, Psychologen und Neurobiologen bestätigen, wie gut Muße für Geist und Seele sei. Sie kurble die Regeneration an und damit Einfallsreichtum und Kreativität. Deshalb ist es kein Wunder, dass Omas und Opas eine gute Portion Unbeschwertheit im Umgang mit ihrem Enkelkind an den Tag legen und die Leichtigkeit des Seins beherrschen.

Bei Oma und Opa ist es schön!

Marie schneidet sich von meiner großmütterlichen Gelassenheit gerne eine Scheibe ab. Sie beruhigt sich, wenn ich ruhig bleibe. Sie merkt: Auf Omas Bauch liegend lässt es sich gut dösen, träumen und Kräfte sammeln. »So gut wie Marie möchte ich es auch haben«, sagt Maries Vater, der seltener verschnaufen kann als wir.

Als ich Marie später wickle, verspreche ich ihr: »Wenn du größer bist und ich auf dich aufpasse, dann machen wir lauter besondere Sachen, die du mit deinen Eltern nicht machst: Wir essen eine ganze Packung Kekse in einem Rutsch. Wir hören Schlager und singen ganz laut mit. Wir schauen uns im Fernsehen Sendungen an, die eigentlich blöd sind!« Denn Omas dürfen, was sonst tabu ist.

Großeltern brauchen Atempausen

Miriam, 52: »Natürlich bin ich auch manchmal genervt, gestresst, ungeduldig, wenn mein Enkelsohn ständig meine Aufmerksamkeit will. Manchmal ziehe ich mich deshalb eine Weile zurück und stehe irgendwann mit frischen Kräften wieder vor der Tür!«

Lotta, 48: »Ich bin gerne bei meiner Tochter, die alleinerziehend ein Baby versorgt, und meine Ruhe und Gelassenheit tun den beiden gut. Aber es ist ein angenehmer Gedanke, dass ich die Tür hinter mir zumachen, auf Abstand gehen und sagen kann ›Jetzt machst du allein weiter. Tschüs, bis zum nächsten Mal‹.«

Christoph, 50: »Ich suche mir aus, wann ich mich in das Leben unserer Kinder ein- und ausklinke. Großväter sind für die Sonnenseiten zuständig, habe ich beschlossen.«

Sind Großeltern Romantiker?

Wenn ich mit Marie beschäftigt bin, denke ich oft an meine eigenen Eltern und Großeltern. Dann kehren Erinnerungen an eine heute fast vergessene Welt zurück: mit selbst gemachtem Apfelkompott samt Zimtstange. Mit silbernen Fünfzigpfennigstücken aus Opas Portemonnaie für ein Eis am Stiel. Mit gestärkten und gebügelten Stofftaschentüchern aus der Kommode. Mit »armen Rittern« aus Zwieback und Ei und ganzen Nachmittagen für »Mensch ärgere dich nicht«, »Schwarzer Peter« oder das »Gänsespiel«. Das Terrain der Großeltern war die Lesestunde abends unter der Stehlampe, die Wärmflasche im Bett bei Novembernebel, Frühlingsblumensträuße von der Wiese samt Pflanzenbestimmung, Betthupferl aus einer abgeschabten Blechdose – lauter lieb gewordene Kleinigkeiten, die den Kinderalltag bunter machten. All diese Geschichten sind untrennbar mit der eigenen Kindheit verknüpft. Deshalb haben wir sie auch durch alle Spannungen, Krisen, Trennungen und andere Familiendramen der vergan-

genen Lebensphasen gerettet. Mit unserer neuen Rolle als Großeltern werden diese schönen Kleinigkeiten und Erinnerungen wieder lebendig. Vielleicht haben wir heutigen Großeltern ja noch das über Generationen vererbte Oma-und-Opa-Gen, eine natürliche Gabe, an die wir jetzt wieder anknüpfen können.

Mal sehen, ob sich unsere Mitgroßeltern ebenso wie wir gern an ihre Familiengeschichten und Kindheitstage erinnern und wir uns dadurch verbunden fühlen können!

GEMEINSAM GROSSELTERN

Seine Verwandten kann man sich nicht aussuchen – es ist Glück und auch ein bisschen Geschick, wenn man sich mit den Eltern von Schwiegersohn oder Schwiegertochter gut versteht.

Ungeduldig warten wir auf Maries erstes »richtiges« Lächeln. Das zarte Engelslächeln, das sie anfangs zeigt, ist mehr ein Reflex. Ab der dritten Lebenswoche lächelt ein Baby immer häufiger beim Einschlafen und Aufwachen, als Großeltern wissen wir das. Ab der vierten, fünften Woche gelingt es uns manchmal, Marie durch ein vorsichtiges Streicheln der Wange und sanftes Pusten zum Lächeln zu bringen. Wann wird sie uns zum ersten Mal richtig anstrahlen, weil sie uns wiedererkennt? Zu einem solchen Lächeln ist ein Baby etwa ab der achten Woche fähig. Danach wird Marie ihren beiden Omas und Opas hoffentlich oft eines schenken.

GERN GETEILTE FREUDE

Seit Marie auf der Welt ist, sehe ich meine Mit-Großeltern, die Eltern meiner Schwiegertochter, mit anderen Augen. Das freudige Ereignis und das gemeinsame Enkelkind verbinden uns. Wir genießen es, unsere Freude zu teilen, und stehen gemeinsam staunend vor diesem Wunder von Baby. Es gelingt Großvätern und Großmüttern aber längst nicht immer, die Freude am Enkelkind auf Dauer zu teilen. Denn besonders besitzergreifende Gemüter beginnen gern einen heimlichen oder offenen Konkurrenzkampf um Platz eins auf der Oma-Opa-Skala: Wer wird Lieblingsoma, wer wird Lieblingsopa?

Wer ist am fürsorglichsten, wer am großzügigsten, am einsatzbereitesten, am lustigsten? Wer hat die besten Verwöhnideen? Wer ist vielleicht erfahrener, weil er bereits Enkelkinder hat? Studien zufolge belegen die Großeltern mütterlicherseits im Großelternranking meistens die vorderen Plätze: Mamis Mama ist Spitze, Mamis Papa kommt gleich danach. Die Großeltern väterlicherseits rücken dagegen oft eher auf die hinteren Plätze. Das liegt unter anderem daran, dass die Eltern der Mutter meist enger mit der Familie verbunden sind. Wie gut, dass sich viele Großeltern auf dieses »Spiel« gar nicht erst einlassen. Oma ist Oma und Opa ist Opa – nichts da mit Lieblingsoma und Lieblingsopa.

Kein Vergleich!

Auch ich will mich mit meiner Mit-Oma nicht vergleichen. In dunkleren Momenten rechne ich allerdings doch nach: Die andere Großmutter will Nordseeferien spendieren, ich kann abendliches Vorlesen anbieten und Bastelnachmittage. Sind Nordseeferien nicht viel verlockender als Vorlesen und Basteln? Was für ein Quatsch!

Um Zuneigung zu kämpfen ist müßig. Das weiß jeder, der einmal unglücklich verliebt war und mit Tricks versucht hat, die Liebe zu gewinnen: Das hat null Chancen auf Erfolg!
Außerdem weiß ich, dass Kinder ihre eigenen Maßstäbe haben, und das sind oft ganz andere als die ihrer Mamis, Papis, Omas und Opas. So kann ihnen zum Beispiel einfallen, dass gemütliches Kuscheln mit Oma auf dem Sofa samt »Grimms Märchen« erzählen einsame Spitze ist, mindestens so gut wie Nordsee mit Wind und Wetter.

>> Die Liebe eines Kindes
ist bedingungslos,
die muss und kann
man sich nicht erkaufen. «

Klüger als Vergleichen ist es, gemeinsam mit den anderen Großeltern an einem guten Familienklima zu stricken: das andere Großelternpaar einbeziehen, die beiden öfter sehen, sich in Sachen Kinderbetreuung oder Geschenke absprechen. Auch regelmäßiges Telefonieren und Besuchen kann Wunder wirken. So wächst die gemeinsame Freude am Enkelkind.

43

Toleranz üben

Friedrich, 65: »Die Eltern meiner Schwiegertochter haben eine völlig andere Einstellung zu Kindern als ich. Sie wollen ihre Enkeltochter unendlich verwöhnen. Wenn sie von ihrer kleinen Prinzessin reden, stehen mir die Haare zu Berge. Aber ich wahre eisern die Ruhe, murmle vor mich hin: ›Nicht den Besserwisser spielen. Übe dich in Toleranz.‹ Lieber freundlich auf die anderen Großeltern zugehen!«

Ein Name für die Großeltern

Nicht nur unser Enkelkind Marie brauchte einen Namen, sondern auch wir Großeltern brauchen jetzt einen. Zwar dauert es noch eine ganze Weile, bis unsere Enkeltochter nach uns rufen wird, trotzdem wollen wir uns unsere künftigen Großelternnamen gerne schon jetzt aussuchen.

Schließlich wollen wir ihn mit den Eltern und unseren Mit-Großeltern abstimmen und auf diese Weise die Vorfreude auf das erste zarte »Oma« oder »Opa«, »Omi«, »Opi« hegen. Oder möchten wir gar nicht »Oma«, »Opa«, »Omi« oder »Opi« heißen? Eins ist gewiss: »Großmutter« und »Großvater« wollen wir nicht genannt werden. Viel zu streng!

Zu jung für »Oma« und »Opa«?

Diejenigen, die ihr Noch-lange-nicht-alt-Sein gerne betonen, können mit »Oma« und »Opa« meistens nichts anfangen. Sie verbinden damit eher Gebrechlichkeit und Hinterm-Ofen-Sitzen. Sie sehen sich irgendwo zwischen Mama und Oma und hören deshalb lieber auf ihren Vornamen oder auf Fantasienamen wie etwa Milli, Mimmi oder Maxl. Auch Ama und Apa, Ami und Api, Mamis Mami, Mima, Großi sind beliebt und dienen zur Unterscheidung zwischen den beiden Großelternseiten. Großmütter sind hier übrigens experimentierfreudiger als die Großväter. So bleiben die Herren der Schöpfung gern beim traditionellen »Opa«.

Weitere Namen im Rennen:
- ▶ Großmama und Großpapa
- ▶ Omi und Opi
- ▶ Omama und Opapa
- ▶ Omami und Opapi

Später erfindet das Enkelkind vielleicht eigene Großelternnamen!

Großelternnamen anderswo

In anderen Ländern gibt es auch sehr schöne Großelternnamen:
- ▶ Schweizerdeutsch: Nana und Neni
- ▶ Französisch: Grandmère und Grandpère, Mamie und Mamine

- ▶ Italienisch: Nonna und Nonno
- ▶ Englisch: Granny und Granpa
- ▶ Spanisch: Abuela und Abuelo
- ▶ Luxemburgisch: Boma und Bopa
- ▶ Ungarisch: Mamika und Papuci
- ▶ Russisch: Babuschka und Babuschki

In Schweden weiß man sogar gleich, aus welcher Familienlinie welcher Großelternteil stammt:
- ▶ Mormor heißt die Mutter der Mutter, Farmor die Mutter des Vaters.
- ▶ Morfar heißt der Vater der Mutter, Farfar der Vater des Vaters.

Wie wollen wir heißen?

Monika, 55: »Oma will ich nicht heißen. Das klingt älter, als ich mich fühle. Ich möchte die Ami sein – das klingt in meinen Ohren wunderbar. Hoffentlich sind alle damit einverstanden.«

Rosie, 52: »Ich finde, ›Mamama‹ und ›Papapa‹ hört sich liebevoll an und drückt aus, dass Oma und Opa sozusagen Mama und Papa hoch zwei sind. Aber vielleicht zu kompliziert für kleine Kinder?«

Axel, 57: »Wir Großeltern wollen alle bei ›Opa‹ und ›Oma‹ bleiben. Unsere Enkel können ja später Zusätze anhängen: Opa Peter, Oma Renate, Opa und Oma Müller, Opa Berlin und Oma Birkenstraße.«

ALLEIN MIT DEM BABY

Unsere Kinder sehen staunend zu, wie aus ihrem zarten Neugeborenen ein handfestes Baby wird. Aber junge Eltern haben auch noch anderes vor. Jetzt ist mein erster Babysitter-Einsatz fällig!

Allein mit dem Enkelkind, einen ganzen Abend lang. In vorauseilendem Gehorsam verspreche ich, mich Punkt für Punkt an die Vorgaben der besorgten Eltern zu halten. Ich strahle extra viel Optimismus aus, um sie zu ermutigen und zu beruhigen, und ich verspreche: »Natürlich rufe ich euch sofort an, wenn ich nicht klarkomme. Im Handyzeitalter ist das doch kein Problem!«

Nicht alle jungen Eltern freunden sich leichten Herzens mit dem Gedanken an, ihr Baby jemandem anzuvertrauen, und sei es nur für ein paar Stunden. Hat es ein paar Mal gut geklappt, fällt die Trennung den Eltern zwar immer noch schwer, aber zumindest fassen sie Vertrauen. So richtig für ein paar Stunden abschalten können sie aber wahrscheinlich erst, wenn ihr Kind im zweiten Lebensjahr in die Kindertagesstätte kommt oder von einer Tagesmutter betreut wird.

»Wir holen Oma als Babysitter« – das wird nach ein paar erfolgreichen Versuchen in den meisten Familien zu einer Selbstverständlichkeit. Wenn die Oma denn will ...

>> Bloß keine Empfindlichkeiten zeigen, wenn sie mir jetzt erklären, wie man ein Baby wickelt. Junge Eltern sind einfach so: dünnhäutig und übervorsichtig. <<

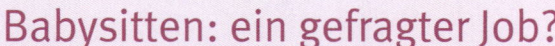

Babysitten: ein gefragter Job?

Nikolai, 60: »*Nichts ist für mich schöner, als am Bett meines En-
kelsohns zu sitzen, ihm beim Schlafen zuzuschauen und mich über
dieses Wunder von Kind zu freuen. Natürlich schlummert das Baby
nicht nur süß. Wenn es mit seinem Geschrei ordentlich loslegt,
fühle ich mich herausgefordert: ›Bürschchen, jetzt ist Feierabend!‹
Manchmal wirkt das dann zu meiner Überraschung.*«

Gerlinde, 64: »*Ich habe mich wie verrückt auf das Ende meiner
Berufstätigkeit gefreut und will ins Theater, ins Kino, Essen gehen.
Wenn mein Enkel frisch gewickelt und gut gelaunt ist, nehme ich
ihn aber gern mal auf den Arm.*«

Friederike, 59: »*Meiner Tochter fiel die Decke auf den Kopf. Sie
wollte ein Stückchen ihres ›alten‹ Lebens erwischen, ins Kino gehen, Freunde treffen. Wie könnte ich da Nein sagen!*«

FREUDEN UND ÄNGSTE

Glatter Boden, glatte Schuhe – wenn
ich mit Marie auf dem Arm durchs
Zimmer gehe, dann behutsam und
immer mit der Angst im Nacken, ich
könne ausrutschen und mit Baby auf
den Holzboden knallen. Alle Großeltern kennen ähnliche Ängste. Einer-
seits mahnt diese Angst zu mehr
Vorsicht, mehr Konzentration. Sie
kann aber auch unnötige Anspannung
und Verkrampfung zur Folge haben.
Wenn ich auf Marie aufpasse, pendle
ich zwischen den beiden Polen hin und
her – je nach unserer Stimmungslage.
Mal gehe ich beherzter mit ihr um
nach dem Motto »Wird schon gutge-
hen!« Mal bin ich zögerlicher: »Immer
schön langsam. Nichts riskieren!«

Vorsichtiger als früher

Mit Marie gehe ich ängstlicher um als früher mit unseren Söhnen. Weil ich älter geworden bin und damit vorsichtiger? Weil ich bei einem Kind, das nicht meines ist, erst recht nichts falsch machen will? Jedenfalls lasse ich Marie keine Sekunde aus den Augen. Weil ich für sie da sein möchte, halte ich meine Ängste klein, achte akribisch auf Sicherheit, stimme mich mit ihren Eltern ab, konzentriere mich bewusst, überfordere mich nicht und traue mich auch, Nein zu sagen:

► »Nein, mit Marie im Auto bei Nieselwetter in Dämmerung und Rushhour quer durch den Großstadtverkehr, das mache ich nicht!«
► »Nein, das Baby allein baden, das traue ich mir nicht zu!«

Weil ich die Sorge habe, als übervorsichtiger, zögerlicher Angsthase zu gelten, fällt mir das Neinsagen schwer. Trotzdem muss es bisweilen sein. Erleichtert atme ich auf, als unsere Kinder Verständnis zeigen. Gemeinsam überlegen wir, wie wir meine Ängste verringern können.

Verantwortung übernehmen?

Rudolph, 63: »Ich habe Angst davor, mit dem Baby allein zu sein. Was tun, wenn es spuckt, was, wenn es Fieber bekommt? Natürlich kann ich zur Not meine Kinder herbeirufen. Aber so lange allein mit der Verantwortung? Nichts für mich auf meine alten Tage!«

Melanie, 56: »Ich hatte zuerst Manschetten davor, allein mit meinem kleinen Enkel Johann zu sein. Dann habe ich meine Angst Schritt für Schritt überwunden: Zuerst blieb ich eine halbe Stunde allein mit ihm, dann eine Stunde. Nachdem wir bestens miteinander auskamen, wurde es für mich langsam selbstverständlich.«

Weitere Vorsichtsmaßnahmen? In Watte packen ist keine Lösung. Ich muss selbst den Mittelweg finden zwischen vorsichtig, aber nicht übervorsichtig.

Bestens vorbereitet

Marie und ich kommen regelmäßig zusammen. Je älter sie wird, desto häufiger darf ich sie versorgen, und ich traue mir das inzwischen auch zu. Natürlich hat sich in der Babypflege in den vergangenen Jahrzehnten einiges getan. Andererseits: Schlaflose Nächte mit dem Baby, Blähungen, die erste Erkältung – das wird es immer geben. Weil Omas und Opas das von ihren eigenen Kindern bestens kennen, hält sich bei vielen die Lust in Grenzen, einen der Babykurse zu besuchen, die speziell für sie allerorten angeboten werden. Andere sind begeistert: »Die bringen mich auf den neuesten Stand. Ich bekomme Kontakt zu anderen Großeltern. Wir tauschen Erfahrungen aus. So fühle ich mich sicherer!«
Ich habe mich gegen einen Großelternkurs entschieden: Kein Bedarf, in das »Babythema« per Extrakurs und Extrahonorar tiefer einzusteigen. Ich halte mich lieber exakt an die Vorga-

Alles halb so wild

Rosie, 52: »Neben dem Job habe ich abends an Großelternkursen teilgenommen. Aber eigentlich hätte ein aktuelles Babybuch gereicht, um mich auf den neuesten Stand zu bringen.«
Friederike, 59: »Ich will jetzt andere Bücher lesen als Erziehungs- und Babyratgeber. Deshalb lasse ich mich in Sachen Babypflege gern von meiner Tochter anleiten. Sie ist heilfroh, dass ich nicht lange mit ihr herumdiskutiere, sondern einfach alles mache wie gewünscht!«

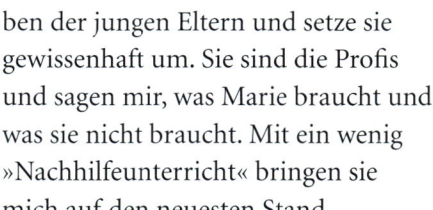

ben der jungen Eltern und setze sie gewissenhaft um. Sie sind die Profis und sagen mir, was Marie braucht und was sie nicht braucht. Mit ein wenig »Nachhilfeunterricht« bringen sie mich auf den neuesten Stand.

Spontan auf der Matte stehen?

Die neue Familiensituation bringt auch einige neue Fragen mit sich, wie zum Beispiel diese: Kann und soll ich bei der jungen Familie einfach schnell mal vorbeikommen, weil ich gerade in der Nähe bin? Vielleicht kann ich ja ein bisschen helfen oder das Baby für ein, zwei Stunden übernehmen, um meiner

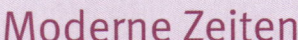

Moderne Zeiten

Friedrich, 65: »*Meine Schwiegertochter hat keine Elternzeit genommen, mein Sohn arbeitet ebenfalls in Vollzeit. Unser Enkel Timo wird deshalb ganztags von der anderen Großmutter betreut. Meine Frau hat früher nicht gearbeitet, sondern war immer für unsere Kinder da. Das war gemütlicher. Aber die jungen Mütter wollen oder müssen heute ja arbeiten.*«

Schwiegertochter etwas Zeit für andere Dinge zu verschaffen oder ihr einfach eine Ruhepause zu ermöglichen. Ich beschließe, lieber auf Nummer sicher zu gehen: rufe an, fühle vor, frage, ob ich helfen kann. Dann können meine Schwiegertochter und mein Sohn Ja oder Nein sagen. Im Allgemeinen warte ich aber auf eine Einladung oder die Bitte, zu helfen. Schließlich ist der Alltag mit Kind und Beruf gut durchgeplant, da will ich mit einem spontanen Besuch nichts durcheinanderbringen. Nur wenn sie sich lange nicht melden, rufe ich an und biete Unterstützung an. Manchmal beneide ich die Tochter meiner Freundin, in deren Familie einfach jeder auf der Matte steht, wenn ihm danach ist. Da gibt es kein vorsichtiges Abtasten und telefonische Anfragen. »Ziemlich kompliziert ist das bei euch!«, sagt sie zu mir und fühlt sich pudelwohl, wenn bei ihr Eltern und Schwiegereltern als Überraschungsgäste vorbeikommen: Omi und Opi thronen dann auf ihrem Sofa, Baby auf dem Schoß. Und weil Omi öfter hereinplatzt, ist sie perfekt in Babyernährung und Babypflege.

SPIELEN UND ERLEBEN

Die meisten Großeltern wollen nicht als Besucher auf der Sofakante hocken, sondern sie wollen gern mit anpacken. Meine Lieblingsbeschäftigung: Marie abholen und mit ihr unterwegs sein. Im Park, im Viertel. Frische Luft und Abwechslung tun uns beiden gut. Aber auch Spiele zu Hause machen Spaß, wenn das Wetter mau ist.

Ab nach draußen!

Bei unseren Ausflügen achte ich auf die passende Kleidung für Marie. Welche das jeweils ist, bestimmt Maries Mutter. Dennoch habe ich die Situation immer im Blick.

◇ **Im Sommer.** Zur warmen Jahreszeit braucht Marie leichte Kleidung, ein langärmliges Hemdchen und eine leichte lange Hose. Unentbehrlich: eine dünne Baumwollmütze oder ein Sonnenhut. Direkte Sonnenbestrahlung sollte man nach heutigen Erkenntnissen vermeiden, also bleiben Marie und ich schön im Halbschatten oder Schatten. Dass wir außerdem nicht in der größten Mittagshitze aufbrechen, versteht sich von selbst.

◇ **Im Winter.** Bei eisigen Temperaturen braucht Marie warme Kleidung, aber nicht zu warme. Der Zwiebellook ist ideal: mehrere dünne Schichten Kleidung übereinander, das isoliert gut. Wenn wir Pause im Café machen, muss Marie nicht schwitzen, denn ich kann sie schnell von ein, zwei Lagen befreien. Die Mütze ist ein Muss, sie sollte warm sein und die Ohren bedecken. Schal und Handschuhe braucht Marie natürlich auch. Das Gesicht creme ich mit einer fetten Kälteschutzcreme ein.

◇ **Alles dabei.** Bei unseren Ausfahrten vergesse ich nie eine frische Windel für unterwegs und Feuchttücher fürs Wickeln. Weil meine Schwiegertochter voll stillt, braucht Marie keine Getränke. Andernfalls wäre noch die Flasche ungesüßter Tee wichtig.

◇ **Temperatur-Check.** Beim Winterspaziergang kontrolliere ich immer mal Maries Nacken: Fühlt er sich angenehm warm an, ist alles in Ordnung. Ist er feucht, schwitzt Marie womöglich und erkältet sich leicht; dann ziehe ich ihr eine Schicht unter der warmen Jacke aus. Maries Hände dürfen kühl, aber nicht eiskalt sein.

51

Erste Spiele

Sind Marie und ich von unserem Ausflug heimgekehrt, spielen wir noch ein bisschen miteinander.

Sehen, hören, schmecken, riechen, fühlen – mit jeder Faser ihres Wesens taucht Marie in die Welt ein, die sie umgibt, und gewinnt neue Eindrücke, die sich einprägen. Woche für Woche versucht sie, ihre Wahrnehmungen zu ordnen, ihren neuen Erfahrungen auf den Grund zu gehen.

Sinneserfahrungen sammeln

Gerade beim Spielen sammelt ein Kind neue sinnliche Erfahrungen. Spielen ist also von Anfang an mehr als Zeitvertreib und Unterhaltung. Noch kann

Marie beim Spielen meine Unterstützung gut gebrauchen – ob auch bei ihr gut ankommt, was bei unseren Kindern ein Renner war?

► Spieluhr: Mit einer Spieluhr zum Aufziehen oder Kurbeln Musik machen. Wie hört sich das an: laut oder leise? Schnell oder langsam?

► Grashalm: Mit einem Grashalm gekitzelt werden. Wie fühlt sich das an? Sanft? Rau? Kribbelig?

► Feder: Stirn, Kinn, Nase vorsichtig mit einer Feder streicheln. Wie schön weich die ist!

Streicheleinheiten sind die besten aller Anfangsspiele, denn die Haut ist unser größtes und empfindsamstes Organ. Wie fühlt sich kräftiges Drücken an, sanftes Kraulen, der leichte Wind auf Haut und Haaren? Marie nimmt nicht nur all dies wahr, sondern auch die Stimmungen, die in der Luft liegen. Auf angespannte Stimmung reagiert sie mit Weinen, sind alle entspannt und fröhlich, ist Marie es auch. Über ihren Tastsinn vertieft sie erste Kontakte: Sie lässt sich berühren und berührt selbst. Wenn ich ihr meinen Finger reiche, hält sie sich daran fest. Sie befühlt mein Gesicht, meine Hände.

Das Gehirn ist immer aktiv

Alle Erfahrungen, die ein Baby beim Spielen sammelt, strukturieren seinen Denkapparat: Die von den Muskeln, Drüsen und Organen eintreffenden Informationen stabilisieren die Nervenzellverschaltungen – ein hoch komplizierter Prozess, der seine Zeit braucht. Deshalb reift das Gehirn langsamer als alle anderen Organe. Es dauert etwa zwei Jahre, bis ein Kind ein Bild von sich selbst entwickelt, sein Ich entdeckt und herausfindet, dass dieses Ich etwas bewirken kann.

Als unsere Kinder geboren wurden, wurde die Neurobiologie beim Thema kindliche Entwicklung noch nicht so in den Mittelpunkt gerückt wie heute. Vor dreißig Jahren strampelten die Babys trotzdem munter vor sich hin und entdeckten begeistert die Welt. Kaum einer zerbrach sich den Kopf darüber, was aus diesen Babys später mal Großartiges werden könnte. Heute gehen viele Eltern mit ihren Kindern zum Babyturnen, Babyschwimmen, Babysingen, um die Kleinen topfit für die Zukunft zu machen. Ich flüstere Marie ins Ohr: »Wir machen da nicht mit!«

Unsere fröhlichen und ganz entspannten Oma-Enkelkind-Spiele sind die beste Frühförderung, die es gibt, für Körper, Geist und Seele.

Spielsachen für Babybesuche

- ▶ Eine Krabbeldecke für den Boden: weich, warm und waschbar.
- ▶ Spielzeug: abwaschbarer Beißring, Rassel, Stofftier ... Mit den Eltern besprechen, welche Spielzeuge sicher und geeignet sind.
- ▶ Ball: Den kann das Baby bestaunen und befühlen.
- ▶ Buch: Papp-, Holz- oder Stoffbilderbücher zum gemeinsamen Anschauen und zum Erzählen.
- ▶ Mobile: Einfache Formen, klare Farben – fasziniert schauen Babys zu, wenn diese sich langsam im Kreis drehen.

53

PFLEGEN UND VERSORGEN

Babys erleben heute oft mehr als früher: Kaum ein paar Wochen alt, schauen sie ihren Mamis schon beim Latte-macchiato-Trinken im Café zu und beim Surfen im Internet. Junge Familien halten heute Kontakt übers Internet, und jede Familie hat Anspruch auf eine Hebamme, die in den ersten Wochen nach der Geburt ins Haus kommt. Von ihr lernen heute auch die Väter viel: Sie haben inzwischen viel Ahnung von Kinderernährung und von Kinderpflege.

Babyernährung

Mit der Muttermilch bekommt das Baby alle Nährstoffe in genau der Menge und Zusammensetzung, die es zum Wachsen und Gedeihen braucht: Eiweiß, Fett, Kohlenhydrate, Mineralstoffe, Spurenelemente und Vitamine. Wie so vieles in der Natur ist es perfekt ausgeklügelt, dass sich die Muttermilch von selbst den Nahrungsbedürfnissen des wachsenden Säuglings anpasst. Stillen ist die bestmögliche Gesundheitsprophylaxe fürs Baby: Es hilft ihm, ein starkes Immunsystem aufzubauen, fördert das Wachstum und beugt außerdem chronischen Krankheiten vor. Der plötzliche Kindstod tritt bei voll gestillten Babys um ein Drittel seltener auf! Muttermilch fördert außerdem die intellektuelle und motorische Entwicklung.

Überdies steht sie rund um die Uhr und überall richtig temperiert, hygienisch einwandfrei und kostenlos zur Verfügung. Wenn das Baby von der Oma betreut wird, kann die Mutter vorher etwas Milch abpumpen.

Die Weltgesundheitsorganisation (WHO) empfiehlt heute, sechs Monate ausschließlich zu stillen. Das Thema Schadstoffbelastung der Muttermilch ist mittlerweile weniger brisant als vor Jahrzehnten – nicht zuletzt dank besserem Umweltschutz.

Nicht jede Mutter kann stillen

Aus medizinischen Gründen ist es der Mutter manchmal nicht möglich zu stillen. Dann bekommt das Baby die bestmögliche Kombination von Säuglingsnahrung. Der Kinderarzt entscheidet gemeinsam mit der Mutter, welche Anfangs- und Folgemilch die richtige für das Baby ist.

Bei einem erhöhten Allergierisiko wird heute bis zum Beginn des fünften Monats sogenannte HA-Nahrung gegeben: hypoantigene/hypoallergene Säuglingsmilch. Bei einer nachgewiesenen Unverträglichkeit von Kuhmilcheiweiß ist eine Spezialnahrung aus der Apotheke ein absolutes Muss.

Die Zubereitung erfolgt genau nach Packungsanweisung. Man bereitet jeweils nur die erforderliche Menge direkt vor der Mahlzeit zu. Für die Nacht oder für unterwegs kommt abgekochtes Wasser in die Thermoskanne und die richtige Pulvermenge in die saubere und trockene Flasche. Fläschchen und Sauger werden nach Gebrauch gründlich mit klarem Wasser gereinigt und einmal täglich für knapp drei Minuten in kochendes Wasser getaucht.

Zufüttern

Ein schöner Moment für uns Großeltern: Sobald die Eltern ihrem Kind etwa ab dem sechsten Monat Brei, Obst- und Gemüsegläschen geben, können auch wir das Baby mit dem Löffel füttern. Waren früher Karotten »in«, sind es heute Pastinaken.

Um den ersten Geburtstag herum isst unser Enkelkind dann mit am Tisch: Gemüse und Kartoffeln, mit der Gabel zerdrückt, Reis, Nudeln – langsam werden die Stückchen größer, das Essen wird abwechslungsreicher. Gemüse und Obst, in mundgerechte Stücke geschnitten, kommen bei Kindern übrigens eher an, wenn Erwachsene es ebenfalls essen! Dann braucht man es nicht mehr püriert in der Sauce zu verstecken.

Zum Füttern schaffe ich mir keinen eigenen Hochstuhl an: Ich nehme Marie dazu einfach auf den Schoß.

Apropos Schnuller

Das Baby hat schlechte Laune. Es brüllt. Was tun? Den Schnuller reichen oder es am Daumen nuckeln lassen? Der Daumen ist immer da, wenn man ihn braucht. Allerdings plädieren Kieferorthopäden beim Dauernuckeln eher für den Schnuller.

◇ ◇

»Jour fixe« mit Enkelkind

Nikolai, 60: »Ich habe einen ›jour fixe‹ mit meinem Enkelkind. Montags Punkt 13 Uhr wird es bei mir abgeliefert. Noch ist Marco zu klein für Ausflüge in den Zoo. Wir beschäftigen uns zu Hause: Mit ihm auf dem Arm gehe ich durch den Garten, zeige ihm Bäume und Blumen. Lausche dem Vogelgezwitscher – viele Dinge, die ich schon lange nicht mehr bewusst wahrgenommen habe!«

Friederike, 59: »Ich habe täglich halbtags meine Enkeltochter zu Besuch. Das macht mir Freude. Manchmal habe ich allerdings die Sorge, später in ein tiefes Loch zu fallen, wenn mein Enkelkind lieber mit Gleichaltrigen zusammen sein will! Deshalb pflege ich ganz bewusst auch meinen Freundeskreis und meine Interessen.«

Gerlinde, 64: »Jede Woche helfe ich auf dem Bauernmarkt an einem Stand mit. Natürlich wissen alle dort längst, dass ich Großmutter bin. Wenn meine Tochter mit meinem Enkel vorbeikommt, gehe ich mit ihm auf dem Arm stolz von Stand zu Stand. Mein Enkelkind und ich ›erzählen‹ uns dann etwas und entdecken auf dem Markt interessante Sachen. Diese Innigkeit ist so schön!«

◇ ◇

Das Baby kommt zu Besuch

Als sie ein paar Wochen alt ist, besucht mich Marie zum ersten Mal: Unser Sohn macht einen Spaziergang mit dem Kinderwagen und bringt sie bei uns vorbei. Wie sich die Väter doch geändert haben! Kaum ein Vater war vor zwanzig, dreißig Jahren mit Baby und Kinderwagen unterwegs. Inzwischen schieben immer mehr junge Väter ihre schicken Gefährte joggend oder ganz gemütlich durch den Park.

Marie darf ein paar Stunden bei mir bleiben, und ich freue mich, dass meine Kinder sie mir anvertrauen. Als ich allein mit ihr bin, schmuse ich nach Herzenslust mit ihr, wiege sie auf meinen Knien, spreche, singe und tanze mit ihr. Dann wird Marie müde. Mit ihren kleinen Fäusten reibt sie sich das Gesicht, die Augen fallen zu, und schon schläft sie. Ihre Händchen sind entspannt geöffnet, sie liegt da wie ein kleiner Engel.

Die meisten Babys brauchen viel Schlaf, manche bis zu zwanzig Stunden, mit Trinkpausen alle zwei bis vier Stunden. Als sie aufwacht, strampelt Marie wild und unternehmungslustig. Ich spiele wieder mit ihr. Plötzlich zittert ihre Unterlippe, die Augen sind halb zugekniffen, die Mundwinkel nach unten gezogen. Gleich fängt sie an zu schreien! Sie will gewickelt werden, und Hunger hat sie auch. Wenig später: Alle Probleme gelöst, alles wieder bestens.

Was das Baby immer dabeihat

Bei Besuchen bringen die Eltern in den ersten Wochen alles mit, was jeweils für das Baby gebraucht wird:

◇ **Bei Autofahrten.** Im Auto wird das Baby in einem altersgerechten Sitz transportiert, in dem es auch in die Wohnung der Großeltern getragen wird. In dem Sitz fühlt es sich wohl, kann ein Nickerchen machen, zufrieden darin sitzen und seine Umgebung mit den Augen erkunden. Für Babys kommen nur Babyschalen (0+) in Frage, in denen das Kind halb liegend entgegen der Fahrtrichtung gesichert wird. Soll die Babyschale auf dem Vordersitz angebracht werden, unbedingt den Airbag ausschalten! Darauf achten: Verläuft der Gurt nicht zu nah am Hals? Ist der Hinterkopf geschützt? Von Zeit zu Zeit überprüfen, ob ein größerer Sitz fällig ist.

◇ **Zum Schlafen.** Bleibt das Baby über Nacht, sollte ein passendes Bettchen bereitstehen. Anfangs kann das ein geräumiger Stubenwagen sein, später ein Reise- oder Kinderbett. Am sichersten schlafen Babys im passenden Schlafsack. Kopfkissen, zusätzliche Decken und Kuscheltiere sind tabu! Die Raumtemperatur sollte um 18 Grad liegen, das Baby braucht zum Schlafen nur Hemdchen oder Body, Windel und Strampelanzug.

Die richtige Lage

Heute sind sich die Experten einig: Im ersten Jahr schlafen Babys auf dem Rücken am sichersten. Das beugt dem plötzlichen Kindstod vor. Tagsüber ist auch die Bauchlage erlaubt. Sobald sich das Kind selbst drehen kann, ist jede Position okay.

◇ **Zum Wickeln.** Es gibt praktische Wickelaufsätze fürs Bad, aber eine Wickelunterlage oder ein Handtuch auf dem Bett tun es auch. Die passende Größe Wegwerf-Windeln und Wäsche zum Wechseln parat halten.

◇ **Zum Waschen.** Beim Windelwechseln mit oder ohne Waschlappen und lauwarmem Wasser, wenn nötig mit ein paar Spritzern Öl für angetrocknete Reste. Gesicht und Hände nur mit einem feuchten Lappen waschen.

◇ **Zum Baden.** Bei den Großeltern darf improvisiert werden: Das Baby wird einfach im Waschbecken gebadet.

Einmal pro Woche reicht, sagen die Hautärzte. Als Zusatz eventuell ein Babybadeöl nehmen, bitte keine Seife.

Beschäftigen und beruhigen

Hoch und tief sprechen oder singen, laut und leise krächzen: Mit meiner Stimme kann ich Marie aufheitern, wenn sie quengelt. Sie guckt sich auch immer interessierter in der Wohnung um: Bilder, Lampen, Spiegel, Fenster: alles höchst aufregend. Später lässt sie sich gemütlich in den Schlaf singen. Nach sechs Monaten bleibt Marie zum ersten Mal über Nacht bei uns. Da meine Schwiegertochter abgestillt hat, sind nun längere Ausflüge möglich. Abends lege ich Marie im Schlafsack in ihr Reisebett. Ich singe ihr noch »Schlaf, Kindchen schlaf« vor, streichle ihren Kopf und habe Glück: Sie schläft ein und mehrere Stunden durch. Marie zeigt sich von ihrer besten Seite. Später erleben wir unruhige Nächte. Aber irgendwie schaffe ich es immer, Marie zu besänftigen. Der Schlafmangel wird durch das Glück wettgemacht, Marie im Arm zu halten, mich um sie zu kümmern. Am nächsten Morgen bin ich froh, dass sie putzmunter ist.

WEHWEHCHEN UND KINDERKRANKHEITEN

Eine Horrorvorstellung für mich: Ich betreue unser Enkelkind, und plötzlich wird es krank. Bekommt Bauchweh, Fieber. Fällt auf die Nase oder schlägt sich das Knie auf. Was tun?

◇ **Bauchweh.** Das kommt bei Babys oft vor. Häufig sind Blähungen die Ursache, die von allem Möglichen ausgelöst sein können: Heimweh, zu schnelles Trinken – bis hin zu einer Blinddarmentzündung. Bei einer harmloseren Ursache helfen eine sanfte Bauchmassage im Uhrzeigersinn und warmer Fencheltee. Bei starken Schmerzen jedoch, besonders mit Fieber, Erbrechen oder Durchfall: Sofort zum Arzt!

◇ **Fieber.** Das ist immer ein sicherer Hinweis auf Krankheit. Häufig ist es am nächsten Tag schon wieder vorbei. Kommen weitere Beschwerden dazu oder dauert das Fieber länger als zwei bis drei Tage: Ab zum Arzt! Ich selbst habe es früher allerdings nie ausgehalten, so lange zu warten, und das ist dann auch in Ordnung. Fieber wird übrigens auch heute noch im Po gemessen, ab 38 Grad spricht man von Fieber. Man sollte es erst ab 39 Grad zu senken versuchen: mit Wadenwickeln (nur, wenn die Füßchen warm sind!) oder speziellen Kinderzäpfchen (mit Eltern und Kinderarzt absprechen).

◇ **Schnupfen.** Wenn die Nase läuft oder verstopft ist, bringen spezielle Baby-Nasentropfen Linderung (auch bei älteren Kindern, mit dem Arzt absprechen) und Inhalieren von Wasserdampf (genau nach Anleitung des Arztes!). Eine freie Nase beugt dem Husten vor, der häufig auf den Schnupfen folgt, sowie Ohrenschmerzen und Mittelohrentzündung.

◇ **Husten.** Er folgt bei einer Erkältung häufig dem Schnupfen, um die Atemwege wieder frei zu bekommen. Tagsüber ist das Husten meist nicht halb so schlimm wie nachts, denn im Liegen ist es schwieriger, und der Schlafmangel macht müde. Es hilft, den Kopf etwas höher zu betten. Der Arzt kann außerdem ein hustenstillendes Mittel geben. Bei Krupp oder Pseudokrupp oder Keuchhusten helfen erst einmal feuchte Handtücher im Kinderzimmer. Weitere Maßnahmen mit dem Arzt absprechen.

Nummern für den Notfall

Für Notfälle sollten Sie immer eine Liste mit Telefonnummern für den Notfall parat haben (siehe auch Seite 173). Die wichtigsten:

► Kinderarzt/Kinderärztin
► (Kinder-)Notarzt für Nacht oder Wochenende (Dienstplan siehe Tageszeitung)
► Notruf
► nächstgelegenes Kinderkrankenhaus
► Taxizentrale
► Giftnotrufzentrale
► Vater und/oder Mutter mobil

◇ **Schrammen und kleine Verletzungen.** Diese sind bei Babys selten, bei älteren Kindern häufig. Da hilft erstens pusten, trösten mit »Heile, heile Segen, drei Tage Regen, drei Tage Sonnenschein, dann ist alles wieder fein«. Zweitens ablenken, drittens die Wunde mit lauwarmem Wasser oder mit stillem Mineralwasser auswaschen, wenn sie Sand oder Dreck enthält. Ein nicht beißendes Desinfektionsmittel (Apotheke) auf die Wunde geben, eventuell Wundsalbe. Dann ein buntes Pflaster auf die Stelle kleben. Bei größeren Verletzungen zum Arzt, um zu klären, ob die Wunde geklebt oder genäht werden muss.

◇ **Nasenbluten.** Manche Kinder bekommen es immer wieder. Das hilft: Nach vorn beugen, mit Daumen und Zeigefinger die Nasenflügel zusammendrücken. So ziehen sich die geplatzten Äderchen wieder zusammen. Einen kalten Waschlappen auf den Nacken legen.

Kleine Hausapotheke

Für Marie habe ich eine Mini-Hausapotheke mit Fieberthermometer, Fieberzäpfchen für Babys und Baby-Nasentropfen. Außerdem: Pflaster, nicht beißendes Desinfektionsmittel, Wundsalbe. Neigt ein Baby zu Fieberkrämpfen oder Pseudokrupp, gehören entsprechende Medikamente, abgesprochen mit Kinderarzt und Eltern, ebenfalls in die Hausapotheke.

Turnstunde gegen Bauchweh

Wenn Marie unruhig ist, wenn sie nicht schlafen kann oder Bauchweh hat, versuche ich sie abzulenken: Ich lege sie rücklings auf mein Bett und turne mit ihr, wenn sie es zulässt. Durch die Bewegung kommt sie mit sich und der Welt in Berührung, baut ihr Selbstbild auf, entwickelt ihr Körpergefühl. Das Turnen fördert Wahrnehmungsfähigkeit und Denken. Von Natur aus will ein Baby seine Möglichkeiten erproben: Wie funktioniert das Greifen? Das Festhalten? Wie komme ich auf die Füße? Und später: Wie komme ich auf die Beine? Dank seines Dranges vorwärtszukommen ist jedes Kind darauf aus, die Bewegungen zu erlernen und zu trainieren, die es zu diesem Ziel bringen.

Aufatmen und loslassen

Im Gegensatz zu Maries Eltern kann ich nach meinem Einsatz als Vorturner, Nothelfer, Babysitter die Tür wieder hinter mir schließen. Routineuntersuchung beim Kinderarzt? Impftermine bedenken? Nach einer Kindertagesstätte suchen? Fingernägel schneiden? Nicht mein Thema! Bald wird meine Sehnsucht nach Marie wieder aufflackern. Ich freue mich auf die Jahre, die vor uns liegen: Laufenlernen, erste »echte« Unterhaltungen, längere Ausflüge, Stadtbummel mit Eisessen und Schuhekaufen.

Elternzeit für Großeltern?

Nicht immer sind die ersten Zeiten mit Baby glücklich. Sind junge Eltern schwer krank, schwer behindert oder verunglücken sie, können Großeltern Elternzeit beantragen. Ebenso, wenn Mama oder Papa minderjährig ist, noch die Schulbank drückt oder eine Ausbildung macht. Mehr dazu erfahren Sie beim Familienministerium und der zuständigen Elterngeldstelle. Die Adressen stehen auf Seite 172/173.

KLEINKINDZEITEN

Immer mehr Kinder gehen in die Kita und werden mittags oder nachmittags von Oma oder Opa abgeholt. Die Großeltern helfen den berufstätigen Eltern, wo sie können. Erziehung wird jetzt ein Thema, da müssen Eltern und Großeltern immer mal Nein sagen. Aber perfekt müssen Omas und Opas nicht sein!

EIN TEAM IM ALLTAG

Weder Eltern noch Großeltern sind perfekt. Aber sie können zusammen trotzdem ein wunderbares Team sein! Davon profitieren im Alltag mit einem kleinen Kind alle Seiten.

In ihrem ersten Lebensjahr war unser Enkelkind Marie noch das Thema Nummer eins bei ihren Eltern: Ihr galten ihre Freude und ihre Sorgen. Jetzt verändert sich die Lage: Mama und Papa sind öfter gestresst von ihrem Alltag mit Kind, Büro, Supermarkt und Haushalt. Anstrengend ist das meist vor allem für die jungen Mütter, die glauben, sie müssten eigentlich Tag und Nacht mit Haut und Haaren für ihr Kind da sein. Dieses Mutterbild beschäftigt sie. Wenn sie ihm nicht entsprechen, kommen Schuldgefühle. Unnötig, sagt die Forschung heute einhellig: Babys und Kleinkinder zählen nicht die Stunden der An- und Abwesenheit ihrer Mütter und Väter. Ihnen kommt es nicht auf die Quantität, sondern auf die Qualität der Zuwendung an. Aber nicht nur den jungen Müttern, sondern auch manchen Großeltern fällt es schwer, das zu glauben. Die meisten erweisen sich jedoch als lernfähig und verzichten darauf, ihren erwachsenen Kindern Schuldgefühle zu machen. Um den Stress der Jungen zu mindern, steht inzwischen jede zweite Oma, jeder zweite Opa parat und bietet Unterstützung an.

» **Großeltern und Eltern** sind sich einig: Es ist **wichtig**, die **emotionalen Bedürfnisse** eines Kindes zu erfüllen. ›Das kriegen wir **zusammen** hin!‹ «

EINSPRINGEN, WENN'S BRENNT

Bei allem Willen zur Unterstützung der jungen Familie sollten sich Großeltern die Zeit nehmen, einmal in Ruhe zu überlegen, wie weit sie sich einspannen lassen möchten und können. Die meisten spielen gerne Babysitter und Helfer in der Not, aber die Kinderbetreuung Tag für Tag übernehmen? Ich zähle zu den Omas, die sich auf Abruf bereithalten. Die einspringen, wenn es mit der anderweitigen Betreuung nicht klappt – und das klappt häufig nicht. Typische Situationen dafür sind zum Beispiel diese:

► Marie wird krank und soll zu Hause im Bett bleiben.

► Die Kindertagesstätte schließt ausnahmsweise früher.

► Weder Mama noch Papa können sich vom Büro loseisen, um ihre Tochter nachmittags in der Kita einzusammeln.

In solchen Ausnahmesituationen bin ich der Joker im Spiel: im Notfall vielseitig verwendbar. Unsere Kinder sind von Herzen froh über ihren Joker: Wie gut, dass eine flexible und belast-bare Großmutter in erreichbarer Nähe wohnt und Zeit für ihr Enkelind hat, sich auf das Kind freut und überhaupt nur selten murrt.

Aber Tagesmutter, von morgens bis abends im Einsatz? Kein Job für mich! Ich will keine Urlaubstage bei meinem Sohn anmelden müssen und ein schlechtes Gewissen haben, wenn ich nicht »zu Diensten« bin. Eine ordentliche Portion Freiheit soll für mein Leben, wie ich es mag, übrig bleiben: Auf Kino, Reisen, Sport oder Gartenarbeit will ich nicht verzichten.

Übrigens springen Großeltern nur selten als Tageseltern ein, und dann auch nur für befristete Zeit.

Auch Oma und Opa profitieren

»Gib dich nicht selbst auf!«, mahnen mich besorgte Stimmen aus meinem Umfeld. Längst nicht alle meine Freunde zeigen Verständnis für mein Enkel-Engagement. »Kaum hast du deine eigenen Kinder groß, fängst du wieder von vorn an mit der Kinderbetreuung, statt endlich deine Freiheit unbeschwert zu genießen!«, halten sie mir kopfschüttelnd vor.

Doch von wegen Selbstaufgabe! Ich opfere meine Freiheit, meine Freizeit nicht – ganz im Gegenteil. Ich betreue mein Enkelkind mit Vergnügen, denn wir sammeln gemeinsam Erlebnisse, die uns beiden sehr viel bedeuten. Wir gehen gerne Hand in Hand von der Kita nach Hause und entdecken unterwegs die Welt:

► »Der Vogel auf dem Ast ist eine Meise!«, erkläre ich.
► »Der Mann am Gemüsestand ist blaugefroren vor Kälte und hat trotzdem gute Laune«, mache ich Marie aufmerksam.
► »Guck mal, ein Baby im Kinderwagen!«, sagt Marie.
► »Warum müssen die Hunde an der Leine laufen?«, fragt sie mich.

Natürlich gibt es auch graue Tage, an denen wir beide still und miesepetrig zusammen durch den Nieselregen trotten. Wenn sich solche Tage häufen, sage ich: »Wir brauchen eine Pause!« Unsere Kinder akzeptieren das. Generell heißt ihre Abmachung mit uns: »Wenn dir die Betreuung von Marie zu viel wird oder wenn ihr beiden etwas anderes vorhabt, sagt ihr klipp und klar Nein.«

Meistens bin ich allerdings eine begeisterte Oma und sage gerne Ja, denn es macht mir selbst viel Freude, Marie beim Großwerden zu begleiten. Dafür nehme ich mir auch reichlich Zeit. Am liebsten trödeln wir gemeinsam durch den Tag. Omas haben es nicht mehr so eilig, sie bringen deshalb mehr Verständnis für kindliches Zeitlupentempo auf als junge Mütter, die oftmals im Dauerlauf durchs Leben hetzen müssen.

Ein bisschen Statistik

Alleinerziehende sind ganz besonders häufig auf die großelterliche Hilfe angewiesen: Fast die Hälfte der Kinderbetreuung leisten hier im Schnitt die Großeltern.
Rund zwei Drittel aller Großeltern können regelmäßig bei der Kinderbetreuung einspringen und leben in gut erreichbarer Nähe: im selben Haus wie die junge Familie, in der Nachbarschaft oder wenigstens in derselben Stadt. Die Unterstützung durch die Älteren ist den heute oftmals von Stress und Zeitdruck gebeutelten jungen Eltern meistens mehr als recht: Viele sind darauf angewiesen.

Neben den Großeltern, die sich intensiv engagieren können und wollen, gibt es heute natürlich die große Gruppe berufstätiger Omas und Opas, die als Helfer nur begrenzt einspringen können, oder die Großeltern, die intensiv mit sich selbst beschäftigt sind oder weit entfernt leben und deshalb weniger Zeit mit ihrem Enkelkind verbringen.

Von allen gelobt

Es ist nachzuvollziehen, dass Großeltern heute über den grünen Klee gelobt werden. In der Politik. In der Öffentlichkeit. Kaum noch ist die Rede vom Generationenkonflikt, dafür umso öfter von der engagierten Großelterngeneration. Von Oma und Opa, die mithelfen, damit zu Hause der Laden läuft. Ohne sie sähe es düsterer in jungen Familien aus, sagt die Forschung und stellt fest, dass Großeltern zentrale, unentbehrliche Personen in ihren Clans sind, egal ob fünfzig, sechzig oder siebzig Jahre jung. Während der Anfangsphase mit Kind, der Kita- und Kindergartenzeit und auch später, wenn das Enkelkind zur Schule geht, sind sie sowohl bei ihren Enkelkindern als auch bei ihren Kindern als besonders brauchbare Helfer gefragt: Sie treffen den richtigen Ton, stellen neuere Studien fest. Sie passen sich in der Kinderbetreuung der jungen Familie an, sind offener und weniger autoritär als frühere Generationen. Sie sind verständnisvoll, verhandlungsbereit und kommunikativ, heißt es. Weit mehr als die Hälfte aller Schulkinder mögen ihre Großeltern, weil sie tolerant sind und ein offenes Ohr haben.

Das war nicht immer so! Noch vor ein, zwei Generationen wurden die Älteren früher gebrechlich, sie brauchten deshalb eher die Hilfe der Jüngeren und konnten weit weniger für ihre Enkelkinder da sein. Vor Jahrzehnten hatten Oma und Opa kein allzu gutes Image, sie galten als zu streng, ungeduldig und engstirnig.

» Früher hieß es:
Kinder soll man sehen,
aber nicht hören!
Sie sollten vor allem brav
und artig sein.
Wie gut, dass es die neuen
Großeltern gibt! «

SICHER UNTERWEGS

Geübte und sichere Radfahrer, die ihr Enkelkind auf dem »zweirädrigen Cabrio« mitnehmen wollen, sollten sich einen guten Kindersitz oder -anhänger zulegen. Tests haben ergeben, dass Fahrradanhänger sicherer sind. Darin können auch schon Babys im Schalensitz und später ein weiteres Enkelkind transportiert werden, während man Kinder im Kinderfahrradsitz erst dann mitnehmen darf, wenn sie bereits eigenständig sitzen können.

Im Auto ist der passende Sitz in jedem Fall Pflicht: Kinder unter zwölf Jahren, die kleiner als 1,50 m sind, müssen laut StVO in einem geeigneten Sitz transportiert werden. Glücklicherweise ist der heute viel einfacher zu handhaben als früher. Aber nicht jeder passt in jedes Auto. Für Großeltern, die viel mit Enkelkind unterwegs sein wollen, lohnt sich ein eigener Kindersitz mit guten Testnoten (siehe Adresse Seite 173). Praktisch ist das Isofix-System, bei dem man den Sitz in eine Halterung im Auto einklicken kann. Immer gilt: Anschnallen nicht vergessen und immer mal vergewissern, dass das Kind noch angeschnallt ist. Aktuelle amtlich genehmigte »Kinderrückhaltesysteme« erkennt man an einem orangefarbenen Schild mit der ECE-Norm R 44-04. Möglichst den Sitz neu kaufen, auf keinen Fall per Kleinanzeige oder übers Internet!

Wir sind mit unserem Auto und Marie (auf dem von den Eltern geliehenen Sitz) beim Fachgeschäft vorgefahren. So durfte Marie mit aussuchen und hat den Sitz gleich geliebt.

◇ ◇ ◇ ◇ ◇ ◇ ◇ ◇ ◇

Immer abrufbar?

Gabriele, 64: »Ich kümmere mich ganztags um meine beiden Enkel, und das laugt mich mittlerweile aus. Aber jammern mag ich nicht!«
Matthias, 70: »Wenn meine Kinder auf Dienstreise sind, ziehe ich bei ihnen ein. Mein Enkel ist begeistert: Bei mir gibt's Nutella, Würstchen, drei Gutenachtgeschichten!«

◇ ◇ ◇ ◇ ◇ ◇ ◇ ◇ ◇

»HEUTE HABEN WIR ALLE ZEIT DER WELT!«

Marie hat es niemals eilig. Langsam wandert sie vor sich hin – dieses gemütliche Schlendern, hier gucken, da gucken, das mich als junge Mutter bei meinen eigenen Kindern oft so genervt hat, kann ich als Oma gut aushalten. Es tut nicht nur Marie, sondern auch mir gut! Unsere Enkelin lebt noch im seligen Zustand der Zeitlosigkeit. Und was machen wir beim Trödeln so alles?

◇ **Die Enten im Park besuchen.**
Marie steht am Ufer und beobachtet, wie die Enten aufeinander zuschwimmen oder voreinander weg. Wie sie tauchen. Wie sie an Land watscheln. Im Winter streuen wir ihnen Sonnenblumenkerne hin, im Frühsommer bewundern wir die flauschigen Küken. Wenn Marie fertig ist mit Schauen, schlendern wir weiter.

◇ **Müllmännern zuschauen.** Der Müllwagen fährt langsam durch die enge, mit Autos zugeparkte Straße. Anders als die ungeduldigen Autofahrer leisten wir es uns, mitzugehen und über Müll und Müllautos zu sprechen.

◇ **Schaufenster begucken.** Wie die Schnecken zuckeln wir von Schaufenster zu Schaufenster und besprechen die Auslagen: »Hier gibt's nur Schuhe!« und »Da gibt es außer Schuhen noch Handschuhe und Handtaschen!«.

Unterwegs Neues entdecken

Wenn ich Marie von der Kita abhole, entdecken wir auf dem Nachhauseweg immer etwas Neues: Da ein heruntergefallener Ast, dort ein interessanter Stein. Im Park sammeln wir Steine und Stöcke auf, Tannenzapfen und Blätter: »Was nehmen wir mit nach Hause?« Dann muss Marie unbedingt noch auf dem Mäuerchen balancieren und mit Schwung in Pfützen treten, damit es schön spritzt! Ihre Ideen greife ich möglichst auf:

▶ »Ja, komm, wir schauen uns den Springbrunnen an!«

▶ »Ja, wir setzen uns hier noch ein bisschen auf die Bank und beobachten Hunde!«

Marie und ich registrieren auch, dass nur wenige Zwei- und Dreijährige zu Fuß unterwegs sind. Die meisten werden in Fahrradanhängern oder Karren durch den Park gerüttelt.

Entdeckungsreisen unter Bäumen und Büschen fallen für sie flach. Einfach so vorwegspazieren kann aber auch Marie nicht, denn wir müssen den Park mit vielen schnellen Radfahrern und mit vielen Hunden teilen. Deshalb lasse ich Marie keine Sekunde aus den Augen. Trotzdem genießen wir beide das Hier und Jetzt. Lassen uns treiben. Wichtiger als alles andere ist für mich: Mit Marie reden. Nicht zu viel und nicht zu wenig und in kleinen, verträglichen Portionen. Schon im Babyalter habe ich damit angefangen, kleine »Unterhaltungen« mit meiner Enkeltochter zu führen.

> » Selbstverständlich versteht Marie noch nicht alles, was ich ihr erzähle. Das macht nichts! Schon jetzt merkt sie, dass ich sie wahr- und ernst nehme. «

Noch rede bei unseren kleinen Gesprächen »über Gott und die Welt« vor allem ich. Aber Marie, die von Woche zu Woche sprachkundiger wird, redet immer öfter mit.

Geduld trainieren

Bei aller Freude am Trödeln und an der Langsamkeit: Wer viel mit kleinen Kindern zu tun hat und oft mit ihnen unterwegs ist, braucht Geduld. Um die zu üben, habe ich für mich ein paar hilfreiche Tricks entwickelt:.

◇ **Ablenkung suchen.** Zum Beispiel Mitwartende beobachten oder auswendig gelernte Gedichte wiederholen.

◇ **Immer nur eine Beschäftigung.** Zum Beispiel »Apfel essen«. Bitte nicht »Apfel essen« und gleichzeitig »Schrank aufräumen«. Sonst verzettelt man sich leicht, und dann dauert alles noch viel länger.

◇ **Zeitpuffer einbauen.** Den Tag mit Enkelkind locker planen, sodass kleine Verzögerungen nicht gleich zu einer Katastrophe ausarten können. Also möglichst für alle Vorhaben einen Zeitpuffer einkalkulieren, damit keine Hektik aufkommt.

◇ **Kleine Freuden genießen.** Unterwegs gemütlich eine Tasse Kaffee trinken – nicht im Stehen oder Gehen, sondern möglichst im Sitzen. Sich etwas Gutes gönnen, wenn es im Alltag besonders hoch hergeht: Singen zum Beispiel. Ein Stück Schokolade essen.

VON KUSCHELN UND KÜSSCHEN

Von Marie bekomme ich selten einen Kuss. Ihre Küsse sind für Mama und Papa reserviert, die wichtigsten und vertrautesten Personen. Kinder sind ehrlich und tun genau das, was sie tun wollen. Ihre liebevollen Gefühle für Oma und Opa drückt Marie trotzdem aus: So schmelze ich dahin, wenn sie mit offenen Armen und strahlendem Lächeln auf mich zuläuft und die

Arme um mich schlingt. Wenn sie mir ein Geheimnis ins Ohr flüstert oder mir ein Bild malt. Mein größtes Omaglück ist: Wir sitzen alle um den Tisch und jeder spürt, ohne ein Wort, wie gut es uns tut, dass wir uns haben. Dieses sichere Gefühl ist nicht selbstverständlich. Ein gesundes, fröhliches Enkelkind, Eltern, die einigermaßen im Reinen mit sich sind, und Großeltern, die noch gut bei Kräften sind, sitzen einfach so zusammen. Was für ein wunderbares Geschenk.

Begrüßungsküsse, Abschiedsküsse ...

Siggi, 53: »Ich weiß noch, wie sehr ich es gehasst habe, meiner Großmutter einen Kuss geben zu müssen. Dieser Duft nach Kölnisch Wasser und Haarspray! Deshalb würde ich bei meinem Enkel Charly nie Druck machen und sagen: ›Gib mir einen Gutenachtkuss!‹ Ich warte lieber ab, bis er vielleicht von selbst kommt.«

Matthias, 70: »Mein Enkel mag mich nicht küssen, weil mein Bart so kratzt. Akzeptiert! Er hat kussfrei!«

Nena, 67: »Für jedes Bonbon, für jeden Keks musste ich mich bei meiner Großmutter mit Küsschen bedanken! Auf antrainierte Dankeschön-Küsschen verzichte ich bei meiner Enkelin Lena gerne.«

71

OMA UND OPA – WER MACHT WAS?

Die Oma tröstet, streichelt, singt und liest vor, der Opa repariert den Spielzeugbagger und baut mit dem Enkelkind Papierflieger – sind das nur Klischees, oder steckt ein Körnchen Wahrheit in den Bildern von der gütigen Oma und dem patenten Opa?

Zuständigkeiten

Viele Großmütter bezeichnen sich als anpassungsfähige, zugewandte, einfühlsame, nachgiebige, kommunikative »Kümmerer« in der Familie. Ihre Meinung: Wir besprechen die Dinge, wenden sie hin und her, erzählen, beschreiben und haben unsere Freude an intensiven Gesprächen mit Kindern und Enkelkind. Die Großväter hätten es dagegen lieber kurz und bündig, sagen sie. Sie seien durchsetzungsstärker, kraftvoller, rationaler, energischer.

Aber es gibt auch viele Großeltern, die sich gegen solche Etiketten wehren. Die Oma- beziehungsweise Opa-Rolle ist längst nicht mehr eindeutig festgelegt: Die Rollen mischen sich.

Auch Maries Großeltern ergeben zusammengenommen einen einigermaßen brauchbaren Mix. Mal ist unsere Enkeltochter mehr von Oma beeindruckt, mal mehr von Opa.

Die neuen Opas

Heute sind viele Großväter mittendrin in der Familie: Sie zeigen Einsatz und Gefühl, beschäftigen sich mit ihrem Enkelkind und sagen aus vollem Herzen: »Macht Spaß!« Vielen gelingt es, mit dem Enkelkind das nachzuholen, wofür sie bei den eigenen Kindern keine Zeit oder Lust hatten. Mit ihrem Einsatz und ihrer Begeisterung überraschen sie immer wieder und werden erfreut in das Leben mit Kind einbezogen.

Maries Opa übernimmt jedenfalls eine Menge Opa-Aufgaben:

- ► Er zeigt Marie Spielkarten und erklärt, was auf den Bildern zu sehen ist: König, Herz, Karo ... und verspricht: »Wenn du älter bist, spielen wir mit den Karten!«
- ► Opa erklärt Marie, was Sonne, Mond und Sterne sind.
- ► Opa zeigt Marie, wie man einen Hund bürstet.

Dass Männer gut darin sind, Kindern die Welt zu erklären, ist nichts Neues. Neu ist dagegen, dass viele sich mit den Kindern auch intensiv beschäftigen – geduldig und gewissenhaft, einfühlsam, verantwortungsbewusst und motiviert. Man muss sie nur lassen. Immer wieder schaltet sich der Opa ein:

▶ Marie schaut ihm beim Rasieren zu, schmiert sich anschließend selbst Seifenschaum ins Gesicht.

▶ Marie sitzt auf Opas Schoß, spielt mit ihm »Hoppe, hoppe, Reiter« und lässt sich Pferdegeschichten erzählen. Noch versteht sie nicht mal die Hälfte davon. Macht nichts – sie hört trotzdem zu.

Auch im Alltag zu gebrauchen

Maries Opa ist aber nicht nur ein überaus gefragter Welterklärer und Mitspieler, sondern er ist auch sehr alltagstauglich. Er macht, was sonst immer die Mütter und die Omas gemacht haben:

▶ Nase putzen: Opa vergisst nie, Taschentücher einzustecken, wenn er mit Marie unterwegs ist.

▶ Die Lippen eincremen, wenn es draußen kalt ist: Für ihn längst eine Selbstverständlichkeit.

▶ Apfel schneiden: Gemütlich auf der Couch oder der Terrasse sitzend, bekommt Marie gesunde kleine Obsthäppchen von ihrem Opa.

Kinderbetreuung durch Opas wird immer selbstverständlicher. Großväter spielen mit ihren Enkelkindern, pflegen die gemeinsamen Rituale und achten darauf, dass unterwegs das Wichtigste immer dabei ist – zum Beispiel das geliebte Kuscheltier.

ERZIEHEN GROSSELTERN MIT?

In Sachen Erziehung habe ich schon viel erlebt: Wie viele Tendenzen, Konzepte und Moden habe ich kommen und gehen sehen! Was gestern war, ist heute überholt – und übermorgen wieder aktuell.

Alles schon mal dagewesen. Zwei Beispiele zeigen, wie das Pendel schwingt:

◇ **Sekundärtugenden.** In den Siebzigerjahren wurde über Wohlverhalten wie Pünktlichkeit, Ordnung und Disziplin die Nase gerümpft: Wie fürchterlich einengend, zwanghaft und bieder. Inzwischen entdecken viele diese Tugenden wieder: Vielleicht sind sie ja doch nützlich?

◇ **Gutes Benehmen.** Vor nicht allzu langer Zeit wurde Erziehung zur Höflichkeit noch als Drill abgestempelt. Jetzt sind Manieren bei vielen wieder gefragt, die erkannt haben: Gutes Benehmen ist nichts Oberflächliches, sondern hat etwas mit Respekt und Selbstachtung zu tun.

WISSENSVORSPRUNG

Durch das Leben mit meinen eigenen Kindern im Laufe der Zeit klüger geworden, nehme ich aktuelle Erziehungstrends nicht immer gleich für bare Münze, sondern verlasse mich lieber auf meine Erfahrungen und meine Intuition. Mit dem Älterwerden und der Lebenserfahrung wächst die Selbstsicherheit – das ist einer der willkommensten Vorteile des Älterwerdens. Omas wissen, wie der Hase läuft, und sie verlassen sich auf dieses Wissen. Aber zählt meine Meinung zu Erziehungsfragen bei unseren Kindern denn überhaupt, soll ich mitreden? Ich soll. Meine Meinung als zuverlässiger Nothelfer sei gefragt, heißt es.

Gleich darauf weisen mich die jungen Eltern allerdings in meine Schranken: »Heute ist eben manches anders als früher, und wir haben unsere eigenen Vorstellungen!«

Manchmal ein Eiertanz

Mal ist Mitsprache erwünscht, mal unerwünscht – dieses Hin und Her ist nicht einfach für mich. Wie können wir den Knoten entwirren?

◇ **Grundregeln verabreden.** Maries Eltern sagen, was ihnen wichtig ist: keine Zwischenmahlzeiten, keine Süßigkeiten, regelmäßig Mittagsschlaf. Ich übernehme diese Regeln, egal ob sie mir gefallen oder nicht, und halte mich möglichst daran.

◇ **Verantwortung abgeben.** Wenn mir unsere Enkelin anvertraut wird, heißt das für mich: Unsere Kinder übergeben mir ein Stück Verantwortung. Sie akzeptieren in diesem Moment, dass Oma und Enkelin ihre eigene Beziehung und damit auch ein paar eigene Regeln, Gebote, Verbote haben wie etwa: »Die nasse Regenjacke im Flur ausziehen!« Oder: »Nicht auf dem Bordstein balancieren!« Großeltern sind automatisch Miterzieher,

Für die Katz

Gute Ratschläge geben und eigene Vorstellungen als Nonplusultra anpreisen? Das geht nicht, sagen erfahrene Großeltern. Besser: Abwarten, bis man um Rat gefragt wird. Keinesfalls sollten Großeltern erwarten, dass ihre Anregungen zum Umdenken führen. Aber auch Hintenrum-Fragen sollten sie vermeiden wie: »Sind Fernreisen mit Kleinkind heute eigentlich medizinisch zu verantworten?« Geben Großeltern ein gutes Beispiel, erreichen sie mehr als mit langen Appellen.

ob sie es wollen oder nicht. Je öfter sie ihr Enkelkind sehen, umso mehr. Da Marie und ich uns oft sehen, bestimme ich ab und zu, was zu tun oder zu lassen ist. Mit meinen Extraregeln müssen Maries Eltern klarkommen.

Einen roten Faden mitgeben

Rudolph, 63: »Seit ich nicht mehr in der Tretmühle Berufstätigkeit stecke, denke ich viel intensiver über mich und mein Leben nach. Das gibt mir Halt und Orientierung: Ich blicke zuversichtlicher und gelassener in die Zukunft. Ob sich mein Enkelkind davon eine Scheibe abschneiden wird?«

Nena, 67: »Wenn man älter wird, beschäftigt man sich automatisch mit philosophischen Gedanken. Ich freue mich darauf, mit meinem Enkelsohn Vitus später auch in diesem Sinne ins Gespräch zu kommen.«

Christoph, 50: »Worüber führt man mit einem Dreijährigen Gespräche? Ich denke mir für meinen dreijährigen Enkel Märchen aus, in denen es um Gut und Böse geht. Der Kleine scheint zu spüren, dass diese Geschichten auf meinem Mist gewachsen sind, jedenfalls hört er zu und will immer mehr wissen.«

Eine andere Welt!

Unterschiedliche Welten, unterschiedliche Regeln? Bei Oma und Opa sieht die Welt für Marie teilweise anders aus als bei Mama und Papa. Sie fühlt sich anders an, riecht anders, funktioniert nach anderen Regeln. Selbstverständlich vergleicht Marie die Welt der Großeltern mit der ihrer Eltern und versteht bald, dass es Unterschiede gibt und welche. Zu verwirrend für ein kleines Kind? Ich glaube, Marie kommt mit den unterschiedlichen Eindrücken gut zurecht, die sie zu Hause, in der Kita oder bei den Großeltern sammelt. Sie lässt sich weniger verunsichern, als Erwachsene meinen, und kann sich gut orientieren, das hat sie längst bewiesen.

Perfektion? Nein, danke!

Die Trotzzeiten nahen. Marie entdeckt ihren eigenen Kopf: »Nein, nicht ins Bett!« – »Nein, keine Strümpfe anziehen!« Neuland für ihre Eltern, die verunsichert reagieren. Was tun? Viele Eltern sind heute auf der Suche nach perfekten Erziehungsstrategien, damit im Leben mit Kind alles »glatt läuft«. Sie informieren sich intensiv über die »ideale« Erziehung und Förderung. Damit setzen sie sich oft selbst unter Druck und geben diesen an ihr Kind weiter: Sie kontrollieren, drängen, lassen es kaum aus den Augen.

>> Omas und Opas wissen aus Erfahrung, dass Kinder keine Supermamas und -papas brauchen, sondern ganz normale: bemühte, engagierte, zugewandte und herzliche. <<

Die Kinder selbst möchten auch ganz normale Kinder sein und nicht am laufenden Band Erfolge produzieren müssen. Großeltern sind sich mit den Experten darin einig, dass Kinder nicht mit zu üppigen Frühförderprogrammen überschüttet werden sollten.

»Muss ich auf Oma hören?«

Auch bei mir spart Marie nicht mit ihrem neuen Lieblingswort: »Nein, nicht ins Bett!« – »Nein, keine Suppe!« Das ist normal. Oft entstehen aber Konflikte, schaukeln sich hoch, arten in Machtkämpfe aus, wenn Erwachsene beharrlich auf ein Kind einreden oder ihm gar drohen: »Du machst, was wir sagen, sonst ...!«

Wie sie kräftezehrende Machtkämpfe vermeiden, probieren Maries Eltern nach dem Prinzip »Versuch und Irrtum« gerade aus. Diesen Lernprozess haben Omas und Opas längst hinter sich. Wenn Marie mich zum Kampf auffordert, kommt die Strategie zum Einsatz, die ich einst bei unseren Kindern entwickelt habe:

▶ Ich vermittle Marie, dass ich nicht mit ihr kämpfen will. Sie darf merken, dass mich solche Streitereien mit ihr traurig machen. Ich rede in Augenhöhe mit Marie und hoffe, dass ich damit weiter komme als mit Schimpfen und Strafen.

▶ Gleichzeitig trete ich möglichst sicher auf, damit Marie spürt: Oma meint, was sie sagt. Und das nimmt sie wiederum ernst.

Ein klarer Kurs …

Neben dem gelassenen Umgang mit der Kampfeslust meiner Enkeltochter gibt es noch zwei weitere wichtige Richtlinien, an die ich mich im Umgang mit ihr halte:

◇ **Konsequenz.** Marie versteht, dass Oma und Opa bisweilen andere Vorstellungen haben als Mama und Papa. Das ist berechenbar. Schwierig wird es, wenn jede Bezugsperson in Erziehungsfragen einen Wackelkurs steuert und heute erlaubt, was sie morgen verbietet: Was gilt denn nun? Da manche Omas und Opas etwas vergesslich sind oder schnell müde, klappt es mit der Konsequenz nicht immer. Da hilft am besten eines: die eigene Inkonsequenz zugeben, damit Marie weiß, woran sie ist: »Heute erlaube ich, was ich gestern verboten habe? Stimmt. Du hast recht! Nicht gut. Da muss ich mich ändern!«

◇ **Lob und Anerkennung.** Kinder werden heute oft beim geringsten Anlass in den Himmel gehoben, klagen Fachleute. Wenn Marie etwas gut hinkriegt oder mir ein Bild malt, freue ich mich und sage ihr das auch – aber ich muss sie nicht jedes Mal in den höchsten Tönen loben. Wer dauernd für alles Mögliche überschwänglichen Beifall erntet, kann seine Stärken und Schwächen nicht realistisch einschätzen, und das macht Kinder unsicher. Belohnungen vermeide ich ganz, die kommen mir zu sehr »von oben herab«. Zu beschenken und zu verwöhnen, ohne eine Gegenleistung zu erwarten, gefällt mir viel besser: Wenn ich mit Marie in den Zoo gehe oder ihr ein neues T-Shirt schenke, tue ich das aus ganzem Herzen und weil ich selbst Freude daran habe.

… und ein gutes Vorbild

Kinder orientieren sich an Vorbildern, mehr als an allen noch so klugen Erziehungsmaßnahmen. Sie werden nicht höflich oder unhöflich, ordentlich oder unordentlich, selbstständig oder unselbstständig aufgrund von guten oder schlechten Erziehungsstrategien. Sie werden stattdessen von Vorbildern geprägt, das wissen wir Großeltern aus Erfahrung. Ein gutes Beispiel bewirkt mehr als tausend Worte und Erklärungen. Und weil wir unsere Enkelin oft sehen, beeinflussen wir sie durch unser Verhalten, ob es uns und den jungen Eltern nun passt oder nicht.

Die Rolle der Großeltern

Oma und Opa profitieren auch bei der Erziehung von mehr Erfahrung, Gelassenheit und Muße. Dabei beschreiten sie verschiedene Wege.

▶ **Vermitteln.** Viele Großeltern versuchen bei Streitereien zu vermitteln: immer fair und verständnisvoll. Ihre Gelassenheit tut gut. Aber manchmal wünschen sich die Jungen, auch Oma würde endlich mal aus der Rolle fallen, schwach werden, die Meinung sagen. Und Opa ist manchmal durchaus als Vermittler zu gebrauchen.

▶ **Stellung beziehen.** Oft stärken Großeltern der einen oder anderen Seite den Rücken: den Eltern, wenn das Enkelkind zu sehr »auf die Pauke haut«, allzu anspruchsvolle Wünsche äußert. Dem Enkel, wenn seine Eltern zu viel verbieten oder viel schimpfen. Jeder braucht mal einen »Anwalt« – aber einen mit Fingerspitzengefühl, damit die Stellungnahme nicht als Einmischung empfunden wird.

▶ **Kontra geben.** Manche Omas und Opas entwickeln einen besonderen sportlichen Ehrgeiz: Sind die jungen Eltern tolerant, geben sie sich extra streng. Sind die Eltern streng, bleiben die Großeltern lässig und locker. Das kann auf junge Eltern provokant wirken.

▶ **Beiseite nehmen.** Im vertrauten Gespräch mit Kindern oder Enkelkind können Großeltern Gelegenheit bieten, sich »mal richtig auszuheulen«. Mit guten Ratschlägen und Besserwisserei sollten sie sich aber möglichst zurückhalten. Lieber einfach zuhören!

▶ **Verwöhnen.** Großeltern haben Zeit und Muße für ihr Enkelkind. Wichtig ist, dass gleichzeitig klare Regeln gelten. Und warum nicht mal die jungen Eltern verwöhnen: mit einem Lieblingsessen. Einem Blumenstrauß. Einem Kinogutschein samt Kinderbetreuung.

Beruhigungsmittel ohne Nebenwirkungen

Wenn in der Familie die Wogen hochschlagen, Streit in der Luft liegt, möchte ich möglichst gelassen bleiben. Auch dafür habe ich inzwischen ein paar hilfreiche Strategien entwickelt.

◇ **Innerlich auf Distanz gehen.** Mit Nachdruck muss ich mir manchmal sagen: »Das Leben unserer erwachsenen Kinder ist nicht mein Leben.« Oder ich schaue in die Ferne, bis sich meine Gefühle wieder auf »normal« eingependelt haben.

◇ **Auf Fantasiereise gehen.** Ich gehe in Gedanken am Strand entlang oder über eine Frühlingswiese.

◇ **An gute Zeiten zurückdenken.** An die Babyzeiten der eigenen Kinder zum Beispiel. Positive Gedanken mobilisieren positive Kräfte.

◇ **In Bewegung bleiben.** Treppauf, treppab, einmal ums Haus laufen oder schwungvoll das Bad putzen.

◇ **Lachen.** Das beste aller Entspannungsmittel erleichtert den Kontakt, stellt Nähe her und lockert die Stimmung in Stresssituationen.

Kleine Dickköpfe

Siggi, 53: »Schon mit drei Jahren weiß meine Enkeltochter genau, was sie anziehen will: Alles muss rosa sein. Meist gebe ich nach. Sollen sich ihre Eltern mit ihrem Dickkopf herumschlagen!«
Gerlinde, 64: »Wenn meine Enkelin zickt, bleibe ich bei meiner Meinung und warte ab, bis sich das Fräulein wieder einkriegt!«
Friederike, 59: »Ich zucke zusammen, wenn mein Sohn seine kleine Tochter anherrscht, weil sie nicht so will, wie er will. Ich mische mich aber nicht ein – das ist wohl besser. Gleichzeitig bin ich beeindruckt, wie konsequent meine Enkeltochter erzogen wird.«

ÜBER WERTE NACHDENKEN

Die Wertvorstellungen von Eltern und ihren erwachsenen Kindern sind fast immer mehr oder weniger unterschiedlich. Dazu kommen noch die Wünsche und Launen der Enkelkinder. Hier heißt es den anderen respektieren – aber auch fest bleiben bei Dingen, die man selbst wichtig findet.

Was darf man, was muss man?

Oft wandern Marie und ich durch ihr Wohnviertel oder sind zusammen im Park unterwegs. Wir schauen Hunden zu, die miteinander kämpfen. Beobachten Väter, die mit einer Bande Kinder Fußball spielen. Sehen Radfahrern nach. Dabei kann man sich gut über Wertvorstellungen austauschen:

▸ Der Radfahrer da vorn fährt ja beinahe die Fußgänger um! Er könnte sich umsichtiger, rücksichtsvoller verhalten, meinen wir.

▸ Die Mutter zieht ihr Kind grob hinter sich her, weil es nicht gleich gehorcht. »Ziemlich ruppig« ist das aus unserer Sicht.

▸ Zwei Jungs prügeln sich auf dem Fußballplatz. Die Väter sollten langsam mal eingreifen, sage ich.

▸ Der alte Mann wartet in Ruhe auf das Kind, das gemächlich über die Wiese trödelt. »Er hat viel Geduld«, stellen wir anerkennend fest.

Ich erzähle Marie viel aus meinem Leben und von der Zeit, als ihre Eltern Kinder waren. Das findet sie spannend – und ich vermittle ihr ganz nebenbei meine Sicht auf die Welt: Ich rede über Ehrlichkeit, über Verantwortung, über Mitgefühl und Toleranz, ohne dabei diese Wörter zu verwenden. Noch versteht Marie nicht alles von dem, was ich ihr erzähle, aber ihr Interesse ist geweckt, und mit jedem neuen Tag wächst ihr Verständnis. Nach und nach kommen eigene Vorstellungen von ihrer Seite dazu.

Vor allem Mütter und Großmütter vermitteln Werte, sagt die Forschung. Wahrscheinlich, weil viele einfach gern mit Kindern reden. Später, wenn Marie ein Stück älter ist, werde ich ihr Märchen erzählen oder vorlesen und mit ihr über die Geschichten reden. Auch das ist eine gute Gelegenheit, Werte ins Gespräch zu bringen.

▶ Auf dem Spielplatz dürfen wir jede
Menge Lärm machen, uns nach
Herzenslust austoben und schreien.

▶ Zu Hause sollten wir nicht hundert-
mal auf dem Parkett im Flur auf
und ab rennen.

▶ Nach dem Essen müssen wir die
Spülmaschine einräumen und sie
später auch wieder ausräumen.

▶ Im Supermarkt müssen wir bezahlen, was wir in unseren Einkaufswagen gelegt haben.

▶ Auf der Straße müssen wir stehen
bleiben, wenn die Ampel Rot zeigt,
und dürfen losmarschieren, wenn
sie Grün zeigt.

▶ Wenn wir einen Hund streicheln
wollen, müssen wir vorher den
Besitzer fragen und den Hund an
unserer Hand schnuppern lassen.

▶ Wir müssen uns die Hände waschen, bevor wir unser Müsli löffeln
oder einen Apfel essen.

Wichtige Alltagsregeln

Was man darf, was man tun muss und
was man nicht tun darf oder tun sollte,
das betrifft natürlich neben den ganz
allgemeinen Wertvorstellungen auch
zahlreiche kleine Dinge im Alltag.
Deshalb erzähle ich Marie immer
wieder, was wir machen können und
was wir tun müssen. Damit gebe ich
ihr einiges an Alltags-Knowhow mit.

Anschließend versuche ich Marie
immer das Warum zu erklären, denn
»warum« ist jetzt neben »nein« ein
weiteres von Maries Lieblingswörtern.
Über den Sinn einer Sache werden wir
später, wenn Marie älter ist, sicherlich
häufig streiten.

Werte in der Erziehung: nicht immer gleich

Neben der Freude, die wir alle aneinander haben, geraten wir uns auch in die Haare, wenn es um Maries Erziehung geht. Hin und wieder kracht es in der Familie gewaltig. Immer nur höflich, verständnisvoll, respektvoll, vernünftig, überlegt, besonnen und vorsichtig miteinander umgehen, das kann nicht gelingen.

Einmischen oder nicht?

Was tun, wenn Marie und ihre Eltern aneinandergeraten und ich dabei bin? Eine typische Situation: Marie will bei kühlem Wetter keine Jacke anziehen. Unser Sohn versucht sie mit langen Erklärungen zu überzeugen, dass eine Jacke aber sein muss.
Wieso merkt er nicht, dass er mit seinen vielen Worten nicht ans Ziel kommen wird? Ich mache mich in diesem Fall zu Maries Verbündeter, vermittle zwischen den Fronten und bemühe mich ideenreich um eine Lösung des Konflikts. »Typisch! Wie alle Omas nimmst du natürlich dein Enkelkind in Schutz«, bekomme ich daraufhin zu hören.

Die Lösung: Lieber keine Stellung beziehen und darauf verzichten, als Maries Anwalt aufzutreten. Dieser Streit ist allein Sache zwischen Marie und ihrem Vater, deshalb werde ich mich in Zukunft möglichst raushalten – wenn ich es nicht vergesse.

Muss ich erwachsene Kinder noch erziehen?

Was tun, wenn ich die Nerven verliere? Besonders dann, wenn unsere Familie zu lange, zu eng aufeinanderhockt, platzt mir bei einem geringen Anlass leicht der Kragen. Dann mische ich mich plötzlich, allen guten Vorsätzen zum Trotz, in Diskussionen meiner Kinder ein. Ich sage dann »Sei doch nicht so streng!« oder »Meine Güte, das ist doch nicht so schlimm!«. Zum Beispiel wenn Marie einen Milchbecher umgeworfen hat. Unser Sohn herrscht sie daraufhin an, Maries Mama weist ihn zurecht, und Marie bricht in Tränen aus.
Die Lösung: Die Auseinandersetzung betrifft allein die Kleinfamilie, deshalb raushalten. Ich bin nicht mehr für die Erziehung unserer erwachsenen Kinder zuständig.

Elternstreit: Besser raushalten

Was tun, wenn unsere erwachsenen Kinder sich vor uns streiten?
Die Lösung: Zimmer verlassen, Marie mitnehmen und ablenken. Nicht Partei ergreifen, denn dann wird erst recht gestritten: »Ist ja klar, auf welcher Seite deine Mutter steht.«

Halt in Krisenzeiten

Streiten die Eltern viel, suchen Enkelkinder ihr Heil oft bei den Großeltern. Sitzen am Küchentisch, essen Honigbrot, reden oder schweigen. Oma und Opa lassen sie gewähren. Großeltern können Kindern und Enkeln in Krisenmomenten helfen: mit innerer Ruhe, Abgeklärtheit und Standfestigkeit. »Zusammen kriegen wir das hin!«, sagen sie und bieten auch äußerlich Ordnung. Großeltern sind ein Stück Heimat, ein sicherer Hafen.

Der Klügere muss nicht immer nachgeben

Was tun, wenn ich mit den Eltern von Marie aneinandergerate? Ein häufiger Konfliktpunkt bei uns: Ich möchte, dass die Familie während einer Mahlzeit gemeinsam um den Tisch sitzt, Marie in unserer Mitte, und dass alle gemeinsam die Mahlzeit beginnen und beenden.
Die Meinung unserer Schwiegertochter dazu: »Das arme Kind soll so lange stillsitzen? Das muss doch nicht sein. Wenn Marie fertig ist, darf sie ruhig aufstehen.« Ich sei entschieden zu streng, bekomme ich zu hören. Wenn die Stimmung schon gereizt ist, wird noch hinterhergeschoben: »Außerdem hast du das nicht zu bestimmen, Marie ist schließlich unsere Tochter.«
Die Lösung: Wir beenden die Diskussion, bevor sich der Streit hochschaukelt. Der Klügere gibt nach, und Streit verdirbt den Appetit und die Freude am gemeinsamen Essen. Allerdings gibt es eine Ausnahme: In meinen eigenen vier Wänden haben meine Bedürfnisse und Wünsche Vorrang – und deshalb bestehe ich auf meinen Regeln, wenn wir bei mir essen.

Über Erziehung streiten wir oft!

Lotta, 48: »Meine Tochter und ich geraten uns beim Thema Erziehung schnell in die Haare. Meine Enkelin beobachtet unseren temperamentvollen Krach dann mit großen Augen. Ich sage meiner Tochter in solchen Momenten: ›Reiß dich zusammen. Du bist das Vorbild, an dem sich deine Tochter orientiert. Wenn wir uns wieder vertragen, sind wir gute Vorbilder!‹«

Miriam, 52: »Ich halte nichts von Erziehungskonzepten und Absprachen mit meinen Kindern, sondern ich vertraue einfach meinem gesunden Menschenverstand, meiner Erfahrung und meinem Gefühl. Meine Intuition wird mich das Richtige tun lassen, wenn ich mit meinem Enkel zusammen bin!«

Nena, 67: »Wehe, ich ergreife die Partei meines Sohnes, wenn es bei unseren Kindern kracht! Selbst wenn ich überzeugt bin, ganz neutral zu urteilen, nimmt mir das keiner ab. Deshalb gehe ich bei einem Streit mit den beiden um wie mit rohen Eiern.«

Melanie, 56: »Ich hörte vor kurzem in einem Café eine Jammertirade junger Leute mit an, die anscheinend mit ihren Eltern im Clinch liegen. Sie beklagten, dass Mama und Papa fortwährend in ihr Leben eingreifen, sich vor lauter Hilfsbereitschaft überschlagen und in ihrem Großelterndasein eine lebenserfüllende Aufgabe sehen. Nach dieser unfreiwilligen ›Lehrstunde‹ habe ich mir gesagt: ›Oma sein schön und gut, aber lieber auf Sparflamme.‹ Das heißt: Ich kreuze nie unaufgefordert bei meinen Kindern auf und halte mich beim Thema Erziehung eisern raus!«

Hilfreiche Streitregeln

Streitereien gibt es in jeder Familie. Wenn wir streiten, versucht trotzdem jeder für sich ein paar hilfreiche Grundsätze zu beherzigen:

◇ **Keine Vorwürfe.** Sachliche Erklärungen kommen viel besser an, wie etwa solche: »Bitte nicht mit Marie vor dem Schlafengehen toben! Sie ist sonst so aufgedreht, und wir haben später unsere liebe Mühe, weil sie nicht einschlafen kann!«

◇ **Kein Aufrechnen.** Wir hüten uns vor Sprüchen wie diesem: »Ich bin jetzt schon dreimal eingesprungen, dann könntest du wenigstens mal meinen Wasserhahn reparieren!«

◇ **Kein Bewerten.** Unterschiedliche Meinungen werden nur dann zum Problem, wenn wir darüber streiten, wer »richtig« erzieht. Wenn wir uns gegenseitig mit unseren unterschiedlichen Erziehungsstilen gelten lassen, kommen wir uns seltener ins Gehege. Ab und zu lässt sich eine Diskussion aber nicht vermeiden.

◇ **Humor bewahren.** Egal in welcher Situation, Humor hilft immer: Auf Abstand zur Familie gehen, sich selbst aus der Distanz betrachten. Das Leben nicht so ernst nehmen. Auseinandersetzungen müssen sein. Dabei kommt es aber weniger darauf an, wer im Recht ist. Viel wichtiger ist doch: einander zuhören, sich verständigen, aufeinander zugehen. Außerdem sage ich mir: Die Hauptsache ist, dass sich Marie in ihrer Familie gut aufgehoben fühlt und glücklich ist.

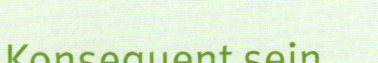

Konsequent sein

Gerlinde, 64: »Ich lecke in der Küche ein Messer ab. Mein dreijähriger Enkel Marc findet das nicht in Ordnung: ›Das tut man nicht!‹ Wer mit Kindern zu tun hat, ist immer Vorbild.«

Siggi, 53: Als ich nicht nach der Pfeife meines vierjährigen Enkels tanze, schimpft er los: ›Du blöder Arsch!‹ Ich bestehe auf einer Entschuldigung. In einer ruhigen Minute erkläre ich ihm, warum mich sein Satz verletzt hat!«

TYPISCH ENKEL, TYPISCH ENKELIN

Mädchen sahnen heute in der Schule die guten Zensuren ab. Sie haben bei Bildungstests zunehmend die Nase vorn, und auch später auf der Universität sind junge Frauen erfolgreicher als ihre männlichen Altersgenossen, sagt die Wissenschaft. Ob auch Marie die Jungen in ihrer Schulklasse hinter sich zurücklassen wird? Oder werden die Jungs in den kommenden Jahren wieder aufholen?

Als Jungen-Mutter und Mädchen-Großmutter sind mir allerdings bereits im Baby- und Kleinkindalter typische Unterschiede zwischen Jungen und Mädchen aufgefallen:

◇   **Beim Wickeln.** Mit unseren Söhnen musste ich beim Wickeln oft heftige Ringkämpfe ausfechten, Marie liegt dagegen einigermaßen still und lässt sich gern etwas vorsingen.

◇   **Beim Spielen.** Unsere Söhne warfen im Kleinkindalter keinen Blick auf ihre Stoffpuppen. Autos und Bagger waren der Hit. Marie spielt dagegen begeistert mit ihrer Stoffpuppe und macht sich nichts aus Autos.

Angeboren oder anerzogen?

Warum diese Unterschiede, die so vielen typisch erscheinen? Darüber zerbrechen sich die Forscher nach wie vor den Kopf. Bis heute streiten sie, was prägender ist: die Gene oder die Erziehung. Unterschiede zwischen den Geschlechtern werden von der Umwelt nicht nur erwartet, sondern auch weiterhin verstärkt:

◇   **Mädchen sollen hübsch sein.** Töchter werden schön angezogen und auf gutes Aussehen getrimmt, weil ihre Mütter das wollen – nicht, weil die Mädchen sich das sehnlich wünschen.

◇   **Jungen sollen stark sein.** Söhne werden ins Stadion, zum Sporttreiben mitgenommen, weil das dem Jungenbild ihrer Väter entspricht, und nicht unbedingt, weil sie selbst das wollen.

Nicht nur Prinzessinnen und wilde Racker

Natürlich tanzen auch wilde Mädchen durchs Leben, die auf Bäume klettern, in Gummistiefeln durch den Matsch waten und vor nichts Angst haben. Umgekehrt verabscheut nicht jeder Junge das Lesen. Es gibt auch nachdenkliche und sensible Jungen.

Moderne Großeltern haben das längst begriffen. Sie versuchen bisweilen sogar, der typischen Mädchen- oder Jungenrolle gezielt gegenzusteuern: Einer zarten, schüchternen Enkeltochter lesen sie zum Beispiel »Pippi Langstrumpf« und »Ronja Räubertochter« vor, um sie zu ermuntern: »Von diesen starken Mädchen kannst du lernen!« Sie schenken ihr ein

Uroma und Uropa

Zu den »Miterziehern« kommen heute oft noch Urgroßeltern dazu, die wiederum eigene Mädchen- und Jungenbilder mitbringen! Laut einer Studie gibt es in der Altersgruppe der 30- bis 44-jährigen Familiengründer am häufigsten vier und mehr Generationen. Auch Urgroßeltern werden von ihren Urenkeln und Urenkelinnen oftmals heiß geliebt und beeinflussen sie.

Fahrrad und üben mit ihr. Der wilde, zappelige Enkelsohn bekommt lange Geschichten zu hören, damit er zuhören und stillsitzen lernt. Oder er darf Opa in der Werkstatt helfen, damit er lernt, sich zu konzentrieren und nach Anleitung zu arbeiten.

Starke Jungs, hübsche Mädchen?

Weniger moderne Großeltern haben Nachholbedarf in Sachen Umdenken. Sie wünschen sich Enkelkinder, die aus dem gleichen Holz geschnitzt sind wie sie oder die so sind, wie sie selbst als Kinder gern gewesen wären. Mancher Opa kommt seinem Enkelsohn auch heute mit Sprüchen wie »Ein Indianer kennt keinen Schmerz!« oder sagt seiner Enkeltochter: »Du bist hübsch. Besseres kann einem Mädchen nicht passieren!« Manche Oma sieht in ihrem Enkelsohn den starken Mann. Glücklicherweise verzichten die meisten Großeltern aber darauf, solche Erwartungen an ihre Enkelkinder zu haben. Generell berufen sich Alt und Jung inzwischen weitgehend auf gleiche Werte. Dadurch hat sich das Verhältnis der Generationen wesentlich entspannt, sagt die Forschung.

Stark wie eine Eiche, sanft wie ein Lamm?

Lea, 34: »Meinen Opa konnte nichts umhauen. Seine Devise war: ›Ein Problem? Dann schaffen wir es aus der Welt!‹ Er hat mir gezeigt, dass ich es meistens selbst in der Hand habe, was das Leben mit mir treibt. Mein Vater ist dagegen viel sanfter. Er wiegt seinen Enkel auf den Knien und singt ihm sogar etwas vor. Das hätte mein Opa nie getan!«

Moritz, 32: »Meine Oma hatte weiche Hände und eine weiche Stimme. Niemand konnte so gut trösten wie sie! Meine Mutter ist viel resoluter. Sie arbeitet als Geschäftsführerin. Ihre Führungsqualitäten bekommen wir auch in der Familie zu spüren!«

Michael, 38: »Mein Großvater war sehr streng mit uns Kindern, wie auch schon mit seinen eigenen. Er fühlte sich für Ordnung und Disziplin zuständig. Meine Großmutter passte sich an, steckte uns nur manchmal heimlich ein Bonbon zu, wenn Opa geschimpft hatte. Meine Eltern sind zum Glück ganz anders: mein Vater entspannter, meine Mutter selbstbewusster. Sie geben ziemlich brauchbare Vorbilder für ihre Enkelkinder ab!«

Anne, 25: »Bei meinen Großeltern zu Hause hatte meine Oma das Sagen. Oma bestimmte: Sie wollte einen Hund, prompt wurde ein Hund angeschafft. Mein Opa war ein zartes Pflänzchen: verletzlich und sensibel! Ich glaube, ich habe von jedem viel gelernt. Meine beiden Großeltern sind Vorbilder für mich – viel mehr als meine Eltern, die nur noch die Reisen im Kopf haben, die sie als Rentner endlich machen können.«

RITUALE UND REGELN

Vorlesen, verwöhnen und noch viel mehr – gerade mitten im Alltag sind Großeltern besonders wichtig. Und sie können den Enkelkindern ganz nebenbei viel fürs Leben mitgeben.

Alles, was in bestimmten Situationen immer wieder verlässlich auftaucht, macht das Leben überschaubarer und ruhiger.

ZAUBERMITTEL RITUALE

Eltern und Großeltern wissen, dass Rituale im Familienalltag nicht nur ein Spaß sind, sondern unentbehrlich. Denn sie sorgen für Orientierung, Sicherheit und Verlässlichkeit.

Das erste Bilderbuch

In dem Bilderbuch aus dicker Pappe sind lauter einfache Bilder von Haustieren. Ich erkläre Marie, als sie gerade mal auf meinem Schoß sitzen kann: »Das ist die Kuh – die macht muh«, »Der Hund macht wau-wau«, »Der Esel macht i-aah«. Das Plastik-Bilderbuch mit Ball, Auto, Bär und Co. darf mit in die Badewanne. Ein anderes quietscht, im dritten kann man Tierfelle streicheln, die raue Kuhzunge und die zarte Stoffgardine fühlen. Im ersten Lebensjahr lernen Kinder Sprache passiv, durch Zuhören. Im Kleinkindalter kommt Bewegung in die Sache. Eines Tages wiehert Marie beim Anblick des Pferdes! Sie sagt »Kuh« und »muh«, als wir wieder einmal das Buch anschauen.

Der Bann ist gebrochen: Von nun an gibt sie allem Namen, auch den Menschen um sie herum. Wer schmilzt nicht dahin, wenn er zum ersten Mal »Oma« oder »Opa« aus dem Mund seines Enkelkindes hört! (Mama und Papa sind natürlich vorher dran.)

Wie die meisten Kleinkinder liebt Marie Wiederholungen. Sie bedeuten für Buchanfänger: Weil ich das Ganze kenne, kann ich mich orientieren, und das vermittelt Sicherheit – ein gutes Gefühl. »Noch einmal, noch einmal!« soll ich Maries Lieblingsbilderbuch durchblättern. Meine Enkelin jubelt. Ich gähne. Während wir »unsere« Bücher x-mal zusammen anschauen, freue ich mich aufs Vorlesen von »richtigen« Geschichten mit Bildern.

Liebe, kleine Gewohnheiten

Marie liebt besonders auch kleine, ganz nebenbei ablaufende Rituale, die wir beide spontan gemeinsam erfunden haben. Zum Beispiel diese:

◇ **Das Handtaschenbonbon.** Ausnahmsweise dürfen es Süßigkeiten sein. Ich verstecke eine Kleinigkeit in meiner Handtasche. Sobald Marie mich sieht, stürzt sie sich auf die Handtasche und guckt mich mit ihren Kulleraugen fragend an: »Darf ich suchen?«, bedeutet das. Seit Marie schon richtig gut sprechen kann, quäkt sie: »Hast du mir was mitgebracht?« Dann sucht sie aufgeregt in meiner Tasche und ist jedes Mal begeistert, wenn sie eine kleine Schokoladentafel, eine Mini-Tüte Gummibären, eine winzige Schachtel Schokolinsen oder ein hübsch eingewickeltes Bonbon findet. Weitere beliebte Mitbringsel sind Seifenblasen, Miniautos, Haarspangen oder etwas für den Kaufladen.

◇ **Das Bärenzeichen.** Wenn ich bei Marie und ihren Eltern zu Besuch bin und mich für ein Viertelstündchen aufs Ohr lege, bedeutet dieses Zeichen: Bitte nicht stören. Der wachsame kleine Teddybär vor der Zimmertür behütet meinen Schlaf. Wenn ich wieder aufstehe und aus dem Zimmer komme, darf Marie den Bären wieder in ihr eigenes Bett setzen.

Das Kuscheltier: immer dabei

Wenn Marie mit mir unterwegs ist, darf einer auf keinen Fall fehlen: der Löwe im Kätzchenformat mit der platten Nase und dem abgeschabten Fell. Dem Charme dieses Steppenkönigs ist Marie ausgeliefert, für sie ist der Löwe ein unentbehrlicher Seelentröster. Nie hat das Tier die Schnauze voll von Marie, ohne Ende lässt es sich von ihr knuddeln und küssen. Wo Marie ist, ist auch ihr Löwe.

»Kuschelsicher«

Der neue Hausgenosse muss nicht nur kuschelig, sondern auch sicher sein:

► **Strapazierfähig.** Sind die Nähte robust und sauber? Sitzen Augen, Ohren und Schnauze fest?
► **Frei von Giften.** Das Öko-siegel und das GS-Zeichen sind verlässliche Hinweise.
► **Waschbar.** Mindestens 30 Grad in der Maschine sollte der neue Freund aushalten.

Wenn Mama und Papa einmal beide im Büro festsitzen, wird der Löwe noch fester gedrückt. Marie flüstert mit ihm. Lacht mit ihm. Beim morgendlichen Abschied von den Eltern steht er immer schon bereit, um den Trennungsschmerz zu besänftigen. Wenn der Löwe richtig gut gelaunt ist, unterhält er sich auch gern einmal mit der Oma oder dem Opa über alles Mögliche. Und selbstverständlich

bekommt er bei den gemeinsamen Mahlzeiten auch einen eigenen Teller und ein eigenes Glas hingestellt.

Ein Stück Zuhause

Wenn die Großen kein Ohr haben für Marie, hält sie sich an ihrem Löwen fest: Der ist immer da und hört zu. Er verkörpert für Marie Geborgenheit, Vertrautheit, Sicherheit. Wehe, er fehlt: Wird das Tier mal vergessen, bebt für Marie die Erde. Einschlafen ohne Löwe im Arm? Einfach unmöglich.
Während ich Löwe und Marie streichle, denke ich an den kleinen Fuchs zurück, den unser Sohn vor dreißig Jahren abgöttisch liebte: Wo ist der gute Kerl bloß geblieben?
Nach längerem Gebrauch sagt Maries Opa, der Löwe brauche eine Wäsche, er sei schließlich waschmaschinenfest. Damit beweist er, dass er Nachholbedarf in Kinderdingen hat: Er vergisst, dass der Löwe für Marie lebendig ist und so riechen soll wie immer. Wer ihre Meinung ernst nimmt, geht achtsam mit ihrem Freund um. Diese stillen zerrupften, fleckigen, vergilbten Plüschfreunde zum Liebhaben waren und sind unersetzbar.

Familienrituale

Neben speziellen Ritualen zwischen Enkeln und Großeltern gibt es typische Familienrituale, die immer gleich bleiben, egal ob Mama, Papa, Oma oder Opa am Zuge ist. Bei Marie und uns sind das diese:

◇ **Morgenritual.** Es erleichtert den Start in den Tag und beginnt mit Kopfstreicheln und einem Gutenmorgenkuss. Danach raus aus den Federn, anziehen und frühstücken, bevor es ab in die Kita geht. Um Stress am Morgen zu vermeiden, wird am Abend vorher der Frühstückstisch gedeckt, werden Anziehsachen bereitgelegt und die Kindergartentasche wird gepackt.

◇ **Abendritual.** Der Abschied vom Tag. Erst kommt das gemeinsame Abendessen, danach ausziehen, waschen, Schlafanzug anziehen, Zähneputzen und ab ins Bett. Noch ein bisschen erzählen, den Rücken kraulen, den Kopf streicheln und einen Gutenachtkuss geben. Dann gehe ich aus dem Zimmer und lehne die Tür an. Wenn Marie älter ist, werde ich ihr abends noch etwas vorlesen. Manche Kinder mögen auch noch ein Schlaflied hören (natürlich selbst gesungen).

◇ **Ferienritual.** Marie will an Feiertagen oder in den Ferien immer Picknick machen. Das heißt: Erst gemeinsam einkaufen – Äpfel, Bananen, Buchstabenkekse, Eier zum Hartkochen, Würstchen, Brezeln, Apfelschorle. Wenn das Wetter schlecht ist, machen wir eben Picknick zu Hause: Wir breiten einfach eine grasgrüne Tischdecke auf dem Fußboden aus und lassen es uns dort schmecken.

»Wir machen das immer so«

Lotta, 48: »*Ich singe für mein Leben gern. Meinem Enkel gefällt es anscheinend, denn er wünscht sich jeden Abend ein Gute-Nacht-Lied von mir, und das bekommt er auch. Bei ›Der Mond ist aufge-gangen‹ singt er sogar schon mit.*«

Nikolai, 60: »*Ich bin in der Kirche aktiv, deshalb spreche ich abends mit meiner Enkelin Clara zusammen ein kleines Gebet, wenn ich auf sie aufpasse.*«

Rosie, 52: »*Wenn mein Enkel bei mir ist, wird zusammen gekocht oder gebacken. Er hilft gerne. Obwohl dann alles viel länger dau-ert, finde ich es wichtig, dass er alles ausprobieren darf. Landet ein Ei beim Trennen auf dem Fußboden? Macht nichts! Der Pfann-kuchen schmeckt dem Kleinen jedenfalls noch mal so gut.*«

Nena, 67: »*Mein Enkel sitzt viel im Auto, zum Beispiel wenn ich ihn abhole oder seine Eltern ihn bringen. Zur Abwechslung fährt er gern U-Bahn, Straßenbahn und Bus. Natürlich darf er die Fahrkar-ten lösen. Es genügt uns, unterwegs zu sein, Leute anzugucken und, ganz wichtig, den mitgebrachten Proviant aufzuessen.*«

Matthias, 70: »*Familienrituale waren bei uns früher ein Muss. Das sonntägliche Mittagessen mit Eltern, Kindern und Großeltern war Pflichtprogramm, samt Spaziergang und Kaffeetrinken. Diese Zei-ten sind inzwischen passé – zum Glück! Nicht nur die Jungen, auch die Alten haben keine Lust mehr auf verordnete Zusammenkünfte. Heute heißt die Devise eher: Wir telefonieren uns zusammen und verabreden das nächste Treffen. Mir ist das sehr recht!*«

VERWÖHNEN NACH MASS

Schöne Rituale sind bei Enkelkindern hoch beliebt, großelterliche Verwöhnaktionen sind es erst recht. Marie schwebt durch die Wohnung – huckepack auf Opas Rücken. Marie kostet Teig – beim Backen mit Oma. Zwei Omas, zwei Opas, dazu Mama und Papa: Sechs Erwachsene umgarnen das Einzelkind und versuchen, ihm seine Wünsche von den Augen abzulesen. Ein bisschen viel Aufmerksamkeit für ein einziges Kind?

»Erstlingsenkel«: Oft im Mittelpunkt

In unserer Familie stürmt also die ungeteilte Liebe von sechs Erwachsenen auf das (Noch-)Einzelkind und erste Enkelkind Marie ein. Das kennen wir auch von anderen Familien. Es ist kein Wunder, wenn ein so umhegtes und umsorgtes Kind sich bisweilen zu einem Minityrannen entwickelt und sich schnell daran gewöhnt, ständig alle Aufmerksamkeit auf sich zu ziehen, immer im Mittelpunkt zu stehen und seinen Willen jederzeit durchzusetzen.

Kluge Omas und Opas treten hier frühzeitig auf die Bremse. Aber ganz aufs Verwöhnen verzichten? Nein. Manchmal wird augenzwinkernd akzeptiert, dass Marie ein »kleiner Spatz« ist, dessen Bedürfnissen man nicht widerstehen kann! Ich verwöhne Marie vor allem mit Zeit, Liebe, Nähe, Nachsicht, Verständnis, Vertrautheit, außerdem mit Gesprächen, Ausflügen, Spiel- und Singstunden ... Sie bekommt viel Zärtlichkeit und Zuwendung: Ich nehme sie auf den Arm, obwohl sie längst laufen kann. Erlaube längeres Aufbleiben, obwohl es schon spät ist. Ich spiele geduldig eine weitere Runde mit ihr, wenn Marie mir tief in die Augen schaut und »Ach bitte, Oma« haucht. Dann erfreue ich mich an ihrem Glück.

Verwöhn-Regeln vereinbaren

Oma und Opa sind großzügig – aus der Sicht von Maries Eltern ist das auch völlig in Ordnung. Bisweilen verwöhnen wir unsere Enkeltochter aber vielleicht wirklich zu sehr: mit Schokoladeneis, Keksen, Kuchen, neuen Anziehsachen ...

95

Trost und Geborgenheit

Viele Mütter und Väter leben heute getrennt, sind alleinerziehend oder haben neue Familien gegründet. Gerät das Leben zu Hause aus den gewohnten Bahnen, bieten Oma und Opa ihren Enkelkindern Halt und Sicherheit. Sie bewähren sich als Tröster und sind nach wie vor da, um die Enkelkinder zu verwöhnen. Aber nicht zu viel, um die oft gestressten Eltern nicht »auszubooten«.

Maries Eltern haben ein paar Grundregeln festgelegt in puncto Verwöhnen:

▶ Kurz vorm Mittagessen keine Süßigkeiten mehr.
▶ Am Nachmittag keine stundenlangen Spiele bis in den Abend hinein.
▶ Vor dem Kauf von Kleidungsstücken oder Spielzeug Rücksprache mit den Eltern halten.

Gerade mit dem Einkaufen ist es so eine Sache: Kommen zu »Verwöhnhäppchen« wie Bananenmilch, Schokolade und gemeinsamen Spielen immer neue Bilderbücher, froschgrüne Gummistiefel, pinkfarbene Täschchen, lauter Geschenke einfach so dazu, ohne besonderen Anlass wie Geburtstag oder Weihnachten, treten Maries Eltern auf die Bremse: »Klar macht es euch Spaß, wenn Marie nach euren gemeinsamen Einkäufen glücklich ist, aber an diesem Punkt ist Schluss!«, sagen sie und werden streng: »Bitte keine Shoppingtouren im Spielzeugparadies, kein Kaufrausch im Klamottenladen!« Größere Einkäufe gibt es nur nach Absprache mit den Eltern, und dann wird gekauft, was nötig ist, etwa Anorak, Mäppchen oder Mütze. Natürlich darf Marie trotzdem mit aussuchen und sich freuen.

Schluss mit lustig ist außerdem, wenn Marie anfängt, sich vor Minipflichten zu drücken, etwa vor dem Zähneputzen oder Schuhewegräumen. Ihr alles abnehmen und »Mache ich schon für dich!« gibt es nicht. Da müssen wir ab und zu unsere Großeltern-Gewohnheiten unter die Lupe nehmen.

Wünsche erfüllen

Ein knallblauer Minitrecker samt Anhänger, ein gelb-schwarz gestreiftes »Tigerenten«-Dreirad, ein Plüscheisbär so groß wie ein Kind – ich staune nicht schlecht über die Geschenkeberge, die sich an Maries Geburtstagen vor ihr auftürmen. An Weihnachten kommt sogar noch mehr zusammen. Innerlich schlage ich die Hände über dem Kopf zusammen, wenn ich diese Fülle von Geschenken vor mir sehe. Andererseits will ich nicht mit leeren Händen abseits stehen, sondern ebenfalls in strahlende Kinderaugen sehen und die Begeisterung erleben, wenn mein Geschenk ausgewickelt wird. Deshalb mache ich beim Schenken mit. Als Marie ihren zweiten Geburtstag feiert, kann ich nicht widerstehen und schenke ihr ein teures Kleid. Ein richtig schönes. Als Mutter von zwei Buben hatte ich einfach Lust dazu! Ich darf ihr auch gleich helfen, es anzuziehen, und alle bewundern mein schönes Enkelkind.

Aber längst nicht alles, was Omas und Opas aussuchen, kommt bei den Kindern gut an, sei es das ökologisch gefärbte Holzauto, die ebenfalls

sündteure Puppenstube mit den winzigen Möbeln, Tellern und Tassen oder der Streifenpulli. Als Marie die von mir so geliebten bunten Holzbauklötze verschmäht und stattdessen einen rosaroten Plüschhasen zum Favoriten erklärt, muss ich schon ein wenig schlucken. Jetzt heißt es nicht beleidigt sein, sondern akzeptieren, dass Kinder eben ihre eigenen Vorlieben haben. Außerdem: Wer sagt denn, dass Marie die Bauklötze nicht doch später noch für sich entdeckt und sich dann ganze Nachmittage lang damit beschäftigen kann!

In puncto Schenken bekommen wir von unseren Kindern Vorgaben wie: »Zu Ostern bitte nur Ostereier und keine zusätzlichen Geschenke!« Jetzt ist die Frage: Sich an die Vorgaben halten, wie wir es tun? Oder sie einfach ignorieren wie unsere Mit-Großeltern, die ihrer Enkeltochter zu Ostern üppige Geschenke machen? Wir bleiben bei unserem einmal eingeschlagenen Weg, selbst wenn es manchmal schwerfällt.

Zeit – das beste Geschenk

Maries Eltern blenden gerne aus, dass nicht nur Oma und Opa gut im Verwöhnen sind, sondern dass sie selbst ihre kleine Tochter, ihr erstes Kind, ebenfalls manchmal hofieren. Was Marie sagt, was Marie denkt, was Marie isst, was Marie anzieht – alles ist von höchster Wichtigkeit. Das ist aus meiner Sicht manchmal zu viel der Aufmerksamkeit. Deshalb versuche ich diskret gegenzusteuern. Denn als Großeltern interessieren wir uns nicht für Kinderturnen, Kindersingen, Kinderfeste und alle anderen Kinderextratouren, sondern für das ganz normale Leben:

- ▶ Oma lässt sich von Marie beim Laubharken helfen. »Ich harke. Du sammelst das Laub ein und bringst es in den Korb!« Genauso machen wir es beim Äpfelernten.
- ▶ Oma sortiert gemeinsam mit Marie das Besteck aus der Spülmaschine: »Die Eierlöffel kommen in das kleine Fach, die Suppenlöffel kommen in das große!«
- ▶ Opa repariert sein Fahrrad, Marie schaut zu und reicht ihm den Schraubenschlüssel.
- ▶ Oma kocht Marmelade ein. Marie darf die Johannisbeeren von den Stielen zupfen und sich beim Kirschenentsteinen versuchen. Dann darf sie helfen, Früchte und Zucker abzuwiegen.
- ▶ Opa näht einen Kopf an seinem Oberhemd an. Marie schaut ihm dabei interessiert zu.

» Wenn wir fertig sind
mit unserer Arbeit,
gibt es Pudding mit Kompott.
Dazu koche ich Kakao
mit Schlagsahne obendrauf.
Das schmeckt nach getaner
Arbeit doppelt gut! «

Mit Überlegung schenken

Christoph, 50: »Meine Enkelkinder sollen alle möglichst gleich beschenkt werden. Ich schreibe mir auf, was ich wem geschenkt habe. So gibt es keine Ungerechtigkeiten!«

Astrid, 68: »Mein Enkelkind entwickelt sich zu einem habgierigen Monster, das brüllt: ›Haben, haben, haben!‹ Meine Lust auf Verwöhnen und Beschenken hält sich mittlerweile in Grenzen!«

Melanie, 56: »Mein Enkelkind ertrinkt in Plüschtieren und anderen Spielsachen. Von mir kommt nichts mehr dazu. Ich verschenke nur noch rot eingepackte Schokoladenherzen, und meinem Enkel scheint das recht zu sein. Den Kaufrausch mache ich nicht mit.«

Rosie, 52: »Solange meine Enkeltochter noch nicht wahrnimmt, welches Geschenk von wem ist, überweise ich lieber eine bestimmte Summe auf ihr Sparkonto. Noch ein Kuscheltier oder das soundsovielte Bilderbuch, noch eine Puppe, noch ein Auto? Noch mehr Legosteine oder Playmobil? Nein danke! Von den Paten und anderen Geburtstagsgästen kommt mehr als genug zusammen.«

Monika, 55: »Da ich nicht oft Gelegenheit habe, in der Stadt einzukaufen, bin ich erleichtert, wenn meine Schwiegertochter eine Idee für ein Geschenk hat. Meistens besorgt sie es gleich und ich schicke ihr das Geld. So weiß ich, dass mein Geschenk gut ankommt.«

Nikolai, 60: »Für meine Enkelkinder Geschenke einkaufen – das lasse ich mir nicht nehmen! Was es heute alles gibt – unglaublich. Es macht mir einen Heidenspaß, zum Beispiel die Carrera-Bahn mit meinem Enkelsohn aufzubauen und mit ihm zu spielen.«

Spielzeugkauf

Wer für Kinder einkauft, sollte Folgendes im Blick haben:

► Die Eltern fragen, was gebraucht wird: Schienen für die Holzeisenbahn? Ein Satz Buntstifte?

► Spielzeug im Fachgeschäft kaufen. Nachfragen, was der »Hit« bei Kindern welchen Alters und was pädagogisch wertvoll ist.

► Auf Gütesiegel achten: GS-Zeichen für TÜV-geprüfte Sicherheit oder »Spiel gut« vom Ausschuss Kinderspiel + Spielzeug.

► Sich bei größeren Wünschen mit den Mit-Großeltern zusammentun.

Herzensangelegenheiten

Wenn Verwöhnen und Beschenken dazu führt, dass Kinder mit ellenlangen Wunschzetteln und immer neuen Spontanwünschen kommen, gehen viele Großeltern dazu über, energisch Nein zu sagen. Aber wie ist das mit »echten« Wünschen – Herzensangelegenheiten, auf die uns unser Enkelkind immer wieder anspricht? Solche Wünsche zu überhören fällt auf Dauer schwer. Die Lösung: Mit Maries Eltern beraten, ob und wie wir einen solchen Wunsch erfüllen können und sollen. In vielen Wünschen kommen die Träume, Sehnsüchte und Fantasien der Kinder ans Tageslicht:

► »Einen Hund wünsche ich mir, den ich immer füttern kann!«

► »Ich hätte so gern ein Baumhaus, wo ich mich verstecken kann.«

► »Ich wünsche mir, dass Mama und Papa sich weniger streiten.«

Wünsche sind Schlüssel zu Gefühlen und Gedanken. Wenn wir genau hinhören, erfahren wir viel darüber, was in den Kindern vorgeht. Nicht alle Wünsche können wir erfüllen: Wer passt auf den Hund auf, wenn Marie im Kindergarten ist und ihre Eltern im Büro? Vielleicht wäre ja eine Katze eine Alternative. Wie schaffen wir es, dass die Eltern weniger streiten? Ich kann nur versuchen, mit ihnen darüber zu reden, und immer für Marie da sein.

»Bei Oma und Opa ist alles besser!«

Nicole, 32: »Wenn meine Tochter von einem Besuch bei ihren Großeltern zurückkommt, braucht sie mehrere Tage, um sich wieder an unseren Rhythmus und unsere Regeln zu gewöhnen. Klar bin ich froh, dass sie sich dort wohlfühlt. Aber wenn ich zu hören bekomme, was sie bei Oma und Opa alles darf und bei uns nicht, ärgert mich das schon!«

Susa, 26: »Wenn mein Sohn mir wieder mal vorhält ›Bei Oma darf ich Nutella essen, bei dir nicht‹ oder ›Omas Wiener Schnitzel schmecken besser als deine!‹, sage ich nur: ›Und wer macht die besten Spaghetti? Wer ruft dich jeden Tag kurz aus dem Büro an? Mit wem macht das Fernsehgucken am meisten Spaß?‹ Da muss er dann doch zugeben, dass ich auch meine guten Seiten habe!«

Jörg, 35: »Keine Ahnung, ob ihnen bewusst ist, was sie tun – aber meine Eltern verwöhnen unsere Tochter nach Strich und Faden und weisen uns immer wieder darauf hin, wie streng wir doch seien. Kein Wunder, dass sie für unsere Tochter die Größten sind und wir die Blöden. Darüber müssen wir dringend mal sprechen und eine Lösung finden. Schließlich haben wir viel mehr Stress im Alltag und können leider nicht immer so, wie wir wollen!«

Claus, 42: »Wenn unser Sohn von den Großeltern abgeholt wird, ist bei uns immer ein kleiner Abschiedsschmerz dabei. Aber wir wissen ja, dass er dort gut aufgehoben ist – und sich anschließend wieder auf Mama und Papa freut und auf alle unsere lieben Familiengewohnheiten. So schön es bei Oma und Opa auch ist.«

SPANNENDES KINDERGARTENALTER

Unser Enkelkind läuft, klettert und hüpft, findet erste Freunde, redet wie ein Wasserfall. Will das Leben mit beiden Händen packen. Oma, Opa und Enkelkind entdecken neue Lieblingsbeschäftigungen. Sie basteln zusammen Schiffchen, bauen Buden, kneten Bauernhoftiere, erzählen Geschichten: hundert Ideen, die das Kind in seiner Entwicklung weiterbringen.

DIE WELT BEWEGEN

Marie entdeckt ihre Gefühle und Meinungen, weitet ihren Spielraum aus. Sie drückt aufs Tempo, will selbst bestimmen, wo es langgeht: quer über die Wiese, zwanzig Meter vorweg, weg von Omas Hand.

Marie wird allmählich klar, dass sie den Dingen des Lebens nicht ausgeliefert ist, sondern dass sie selbst etwas bewegen kann. Das muss nach Kräften ausprobiert werden:

► Lächelnd geht sie auf andere zu und erntet selbst ein Lächeln.
► Mit viel Kraft macht sie eine Tür ganz allein auf und lässt andere hindurchgehen.
► Weil sie eine gute Portion Selbstvertrauen hat, wagt sie sich weiter vor, zeigt Eigeninitiative und erweitert ihren Radius.

Über Maries Entwicklungsschritte denke ich viel intensiver nach als über das Verhalten unserer Söhne, als sie klein waren. Jetzt habe ich die Muße dafür! So erkenne ich heute Zusammenhänge, die ich damals weniger deutlich wahrgenommen habe.

SELBSTVERTRAUEN ENTWICKELN

So erlebe ich zum Beispiel viel bewusster, wie Marie Vertrauen in die Menschen und die Welt entwickelt und wie aus diesem Grundvertrauen langsam Selbstvertrauen wird. Als junge Mutter,

》 Ich staune nicht schlecht
über die Entwicklung
meiner Enkeltochter:
Jeder neue Schritt,
ob groß oder klein,
ist ein neues Wunder. 《

oft unter Druck und in Eile, hatte ich seltener einen Blick für die kleinen Entwicklungsschritte.

Allein machen!

Während Marie ihren Alltag gestaltet, mit Lust und guter Laune sägt, hämmert, leimt, strichelt, pinselt, nachdenkt, Geschichten erfindet, sich Lieder ausdenkt und Hüpfspiele ausprobiert, kommt sie immer besser allein zurecht – wie alle neugierigen, wissbegierigen Kinder ihres Alters, die lernen wollen. Auch beim Schippen, beim Buddeln im Sandkasten setzt sie ihre eigenen Akzente, mischt Zuckersand mit feuchtem Sand und freut sich, wenn aus dem Sandberg eine Sandburg mit Torbögen und Balkons wird: Ziel erreicht!

Lob, aber keine Ratschläge

Eine Voraussetzung aller kindlichen Aktivität: Nur wenn die Bindung an Mutter, Vater oder auch Großeltern, also an seine Bezugspersonen stimmt, kann ein Kind richtig loslegen. Kinder im Kindergartenalter wollen ihre Gestaltungskompetenz, ihre Handlungsfähigkeit unter Beweis stellen,

nennen das Fachleute. Außerdem weisen sie darauf hin, dass Großeltern in dieser Lebensphase ganz besonders brauchbare Begleiter sind. »Marie will in Eigenregie handeln«, sagt ihre Mutter. »Bitte habt dabei trotzdem noch ein Auge auf sie!« Unsere Enkeltochter selbst hält auch nichts davon, dass Große voreilig mit Ratschlägen kommen, wenn sie gerade in Aktion ist. Oma und Opa sollen als Rettungsanker im Hintergrund bleiben und erst aus der Deckung kommen, wenn Marie nach ihnen ruft. Zum Beispiel bei Lieblingsbeschäftigungen wie diesen:

▶ **Fußballspielen:** Maries Ball ist einen tiefen Graben gerollt – zu tief, um selbst hinabzusteigen. Deshalb holt Opa den Ball.

▶ **Auf der Rutsche:** Marie hat die Rutschbahn entdeckt. Als ein Junge diese in Beschlag nimmt, traut Marie sich nicht mehr hin. Oma muss mitkommen.

Lob spornt Marie an weiterzumachen. Nachdem sie ihr Ich entdeckt hat, macht sie sich nun mit wachsendem Selbstvertrauen daran, gezielter die Welt zu erkunden.

Während ich auf der Bank am Spielplatz sitze und Marie beim Burgenbauen im Sandkasten zuschaue, wandern meine Gedanken dreißig Jahre zurück: Womit haben sich unsere Kinder in ihrer Vorschulzeit am liebsten beschäftigt? Auf Baumstämmen und auf Mäuerchen zu balancieren war zum Beispiel sehr beliebt, auch Krake spielen mit langen Fangarmen oder Fingerspiele: »Das ist der Daumen, der schüttelt die Pflaumen, der liest sie auf, der trägt sie nach Haus und der kleine isst sie alle auf.«

Die beste Förderung: eine Tüte Enthusiasmus

Miteinander reden, lachen und spielen. Im Frühjahr die ersten Schlüsselblumen entdecken. Im Sommer das Schwimmbad erkunden und den Spielplatz. Im Herbst im Park mit den Füßen durch Laubberge stapfen, mit den Blättern rascheln und bunte Blätter sammeln. Im Winter mit anderen Kindern zum Rodeln, Schlittschuhlaufen oder Skifahren verabreden. Bei Regenwetter in den Zirkus, ins Kindertheater oder Marionettentheater, ins Kino oder ins Museum gehen

– es gibt so viel Spannendes, das Oma und Opa mit ihrem Enkelkind unternehmen und entdecken können. Warum ist solch ein intensiver Kontakt das Nonplusultra bei jeder Förderung? Weil im Wechselspiel zwischen Groß und Klein ununterbrochen emotionale Signale hin und her springen – Signale, die dafür sorgen, dass die Beziehung noch liebevoller und enger wird. Nur auf der Basis einer intensiven Beziehung können sich die Fähigkeiten eines Kindes optimal entfalten. Wer die Entwicklung seines Enkelkindes fördern will, sollte also zuerst eine gute Beziehung zu ihm aufbauen, damit das Fundament gegeben ist, von dem aus sich alles Weitere entwickeln kann. Schenken Erwachsene einem Kind nur eine Viertelstunde intensive, ungeteilte Aufmerksamkeit pro Tag, gehen zum Beispiel nachmittags ein Eis mit ihm essen oder lesen abends eine Runde vor, und reden Groß und Klein außerdem viel miteinander, so trägt das bereits enorm zur psychischen Stabilität der Kinder bei, sagen die Wissenschaftler. Manchmal ist diese Viertelstunde (und mehr) pro Tag Oma- oder Opazeit.

EMOTIONEN ALS ENTWICKLUNGSMOTOR

Die meisten Großeltern sind selig, wenn sie die Entwicklung ihres Enkelkindes mitverfolgen können. Mich macht es zufrieden, Maries Lernbereitschaft zu beobachten und zu stärken – eine spannende Erfahrung. Weil Vorschulkinder durch einen Mix aus Freude und Kompetenz weitergebracht werden, fördere ich Maries Lernwillen mit positiven Anreizen:

◇ **Papierflieger basteln.** Oma bastelt Flieger. Marie bastelt mit und freut sich, wenn ihre selbst gebastelten Flieger später durch die Lüfte gleiten. Sie erfindet noch weitere Flieger-Formen und stellt sich dann die Frage: »Was kann ich denn noch alles aus Papier basteln?«

◇ **Kuchen backen.** Zusammen stehen wir in der Küche, schlagen Eier auf, rühren, kneten, häuten Mandeln ... Marie genießt es, wenn der selbst gebackene Kuchen wunderbar frisch duftet und herrlich schmeckt. Sie will bald wieder Kuchen backen und fragt mich: »Was für einen Kuchen backen wir als Nächstes?«

◇ **Blumenzwiebeln ins Beet setzen.** Im Garten ist viel zu tun, und Marie macht mit. Ein paar Wochen später registriert sie, dass aus den Zwiebeln, die sie selbst gepflanzt hat, Blumen werden, und will gleich wieder neue Blumen pflanzen.

Marie erzählt von Bärenmutter und Bärenkindern, singt »Auf unserer Wiese gehet was«, zählt Äpfel und legt Reihen aus Äpfeln und Birnen. Jeden Fortschritt registriert sie begeistert und genießt ihre wachsende Kompetenz. Beschwingt durch positive Gefühle nimmt sie immer neue Entwicklungsaufgaben in Angriff.

Auch Großeltern lernen

Durch Marie sehe ich die Welt mit ganz neuen Augen. Ein kleines Kind nimmt in seiner Naivität vieles noch ganz einfach und unkompliziert wahr, eine Fähigkeit, die uns Erwachsenen oft verloren gegangen ist. Marie regt mich dazu an, über die Wichtigkeit oder Unwichtigkeit der Dinge nachzudenken. Ich lerne also auch noch etwas dazu.

Mit Begeisterung dabei

Marion, 65: »*Auf einem Bauernhof in der Nähe ernte ich mit meinem Enkel gerne Kartoffeln. Die schälen und reiben wir zusammen und machen dann Puffer daraus – mit selbst gekochtem Apfelmus. Oder wir kochen sie mit der Schale. Der Kleine pellt sie dann. Aber auch Karotten oder Äpfel zu schälen macht ihm Spaß. Wenn ich Fisch oder ein Schnitzel paniere, darf er die Panade festklopfen. Hoffentlich hält seine Freude beim Kochen an!*«

Fritz, 54: »*Ich gehe gerne mit meinem Enkel Timo in den Wald. Wir nehmen Hammer und Säge mit und ›arbeiten‹. Klopfen Steine aus einem ›Steinbruch‹, sägen kleine Äste ab. Dann bauen wir eine Hütte für seinen Bären. Er ist mit Feuereifer dabei. Und mir macht es auch einen Heidenspaß!*«

Miriam, 52: »*Bei mir gibt es eine Kiste zum Verkleiden. Da sind Faschingskostüme, alte Abendkleider, Stöckelschuhe, Federboas, Hüte, Ketten und noch mehr drin. Meine Enkelin ist begeistert und stöckelt als feine Dame oder Prinzessin mit Krönchen herum.*«

Hannah, 58: »*Ich liebe es, Spiele zu spielen. Memory, Quartett, ›Fang den Hut‹, ›Mensch ärgere dich nicht‹ – Klassiker, aber auch neue Spiele wie das Sammel- und Suchspiel ›Obstgarten‹. Schon als Kind war ich eine leidenschaftliche Spielerin, später mit meinen eigenen Kindern und bin es jetzt mit meinem Enkelkind! Als es kleiner war, habe ich es manchmal gewinnen lassen. Aber die Zeiten sind vorbei! Es wird ehrlich gekämpft. Jeder muss verlieren lernen. Das finde ich wichtig fürs spätere Leben.*«

FÖRDERN NACH PLAN?

Meine Vorstellung von Förderung habe mit den tatsächlichen Fördermöglich-keiten von heute herzlich wenig zu tun, bekomme ich manchmal von Jüngeren zu hören, die ihre Kinder in spezielle Förderkurse oder Superkitas schicken. Meine Anregungen seien viel zu verspielt, viel zu lasch. Wer Kindern in erster Linie ihre Kindheit lassen wolle, verpasse die einmalige Chance, sie dann zu fördern, wenn sie besonders aufnahmebereit seien.

Chinesisch für Vorschulkinder

In den speziellen Angeboten lernen Kinder frühzeitig Englisch, Französisch oder sogar Chinesisch. Sie lernen spielerisch, mit Zahlen und Mengen umzugehen. Sie üben Karate, tanzen Ballett und spielen Klavier oder Flöte. Verabredungen mit Freunden, inzwi-schen »play-date« genannt, finden ebenfalls nach Terminplan statt. Gehören die Zeiten, in denen Eltern ihre Kinder auf die Straße oder in den Hof zum Spielen schickten, wo sie Nachbarskinder trafen, wirklich

endgültig der Vergangenheit an? Manchmal scheint es so. Inzwischen gibt es einen wachsenden Markt für »hochklassige« (und entsprechend nicht gerade preisgünstige) Frühförde-rung – darauf geeicht, die Kleinen frühzeitig auf die Anforderungen des Arbeitsmarktes von morgen zu trimmen. Diese Entwicklung ist heute unter Eltern, aber auch Fachleuten ein beliebtes Diskussionsthema.

Freiheit oder Frühförderung?

Die einen meinen, Frühförderung dürfe nicht in einen gefährlichen und unerbittlichen Drill ausarten, der sich an den Bedürfnissen und Vorstellun-gen Erwachsener orientiert und nicht an denen der Kinder. Verplante Kindheit bedeutet für sie: Verlust an Freiheit und Selbstbestimmung. Außerdem stimme es nicht, dass in den ersten zwei, drei Jahren unabän-derlich die Basis dafür gelegt werde, was aus einem Kind später im Berufs-leben einmal wird.
Die anderen meinen, gezielte Frühför-derung biete Kindern eine unglaubli-che Chance, bereite sie optimal auf eine globalisierte Welt vor mit ihren

hohen Ansprüchen an jeden Einzelnen. Sie erzählen viel von einem Wissensvorsprung für die spätere Schul- und Berufslaufbahn. Diesen Standpunkt vertreten in der Regel eher Jüngere, die ihre eigenen Kinder frühzeitig auf Leistungsdenken vorbereiten möchten und

die das »Gerede« von der unbeschwerten Kindheit für romantische Träumereien halten: Wo kann so eine Kindheit heute in den zugebauten Städten überhaupt noch stattfinden?

Nicht nur Eltern und Großeltern reden sich seit Jahren die Köpfe bei diesem Thema heiß, sondern auch Wissenschaftler. In welcher Phase lernt ein Kind am schnellsten akzentfrei Englisch? Wann kann es sich an Physik wagen? Im Internet finde ich viele Informationen zu dieser Thematik, auch viel Widerstreit.

Ausgiebig spielen

Marie will jedenfalls genau das machen, was Kinder schon immer gemacht haben: ausgiebig spielen ohne Termindruck, sich draußen austoben und unseren Alltag miterleben. Schön und gut, dass die Wissenschaft optimale Fördermöglichkeiten samt der idealen »Zeitfenster« entdeckt hat, aber muss man die Zeit von Kindern deshalb schon im Vorschulalter verplanen? Omas und Opas haben jedenfalls ihre eigenen Vorstellungen über die Nutzung der kostbaren Phase vor der Schulzeit.

Fördern ganz nebenbei

Friederike, 59: »Meine Kinder stehen permanent unter Dampf und nehmen das längst als Selbstverständlichkeit hin: reine Gewöhnungssache. Seit sie Nachwuchs haben, beschäftigen sie sich mit Fragen wie diesen: ›Wie wird aus unserem Kind ein Pracht-, ein Superkind und später ein erfolgreicher Erwachsener?‹ Dass sie kürzertreten sollten, kommt ihnen nicht in den Sinn. Sie sehen nur das Ziel ›Karriere‹, suchen nach optimalen Förderprogrammen. Sicherlich sagt ihr Kind bald: ›Ich spiele nicht mehr mit!‹«*

Miriam, 52: »Weil ich mir viel Zeit für meinen Enkel nehme, trage ich sicher dazu bei, seine Begabungen zu entdecken und zu fördern. Darin sehe ich meine wichtigste Aufgabe als Großmutter!«*

Christoph, 50: »Durch den Wald streifen, Muscheln am Strand suchen, aus Weidenholz Flöten bauen – nicht meine Stärke. Ich beschäftige mich lieber mit dem Computer, und genau da werde ich meinem Enkelsohn eine Menge zeigen. Dieses Können und Wissen brauchen Kinder ja heute viel nötiger!«*

Monika, 55: »Ich denke nicht daran, mir irgendwelche gezielten Förderprogramme für mein Enkelkind anzuschauen. Wenn ich es an meinem ziemlich bunten Erwachsenenleben teilhaben lasse, dann ist das anregend genug!«*

Nena, 67: »Mein Enkel wird zu Hause überfüttert mit immer neuen Spielen und Anregungen. Er ist süchtig danach. Komme ich zur Tür herein, überfällt er mich: ›Was jetzt? Was machen wir?‹ Es ist wichtig, dass die Oma ab und zu sagt: ›Denk dir selbst was aus!‹«*

SPIELEN UND FRAGEN

Oma ist für Marie der ruhende Pol. Besucht sie mich an Tagen, die frei sind von Terminen und Pflichten, leben wir einfach gemütlich in den Tag hinein. Wir kuscheln, lesen, malen, spielen, plaudern.

Marie hat frei, und das nehmen wir ganz wörtlich: Wir planen nichts, sondern lassen uns treiben. Sie darf heute »bestimmen«, denn sonst bestimmen ja immer die Eltern, der Terminkalender, die Kita-Erzieherin und später die Lehrerin ... Wir gestalten den Tag so, wie Marie es liebt: Zuerst machen wir es uns gemütlich bei heißem Kakao mit Milchschaum und Buchstabenkeksen. Wann wird sie ihren Namen aus den Keksen legen können? Wann kann sie Wörter nennen, die mit entsprechenden Buchstaben beginnen? Mit Zahlenkeksen funktioniert es genauso: Lernen ganz nebenbei, mit Spaß und ohne Leistungsdruck.

Sind wir bei Marie zu Hause, hat sie endlich einmal Zeit, in Ruhe mit ihren Spielsachen zu spielen. Puzzles legen und Lego bauen. In Maries »Kaufladen« kaufe ich alles ein, was wir anschließend für das Essen brauchen, bezahle mit Karte oder (Spiel-)Geld. Kocht Marie am Puppenherd ein Fantasie-Gericht, probiere ich das Essen mit genussvollen Gesten. Sie sprudelt vor Ideen und ich mache einfach mit, zum Beispiel bei Rollenspielen. »Was soll ich machen?« Bisweilen hängt Marie fest: Sie weiß nicht weiter. Dann soll Oma aktiv werden, Ideen aus dem Hut zaubern, Spiele vorschlagen, wieder Neugier, Experimentierfreude und Begeisterungsfähigkeit entfachen.

ALTBEWÄHRTE SPIELE

Auf Anhieb fallen mir meistens bewährte Spiele ein, lange bekannte und beliebte wie diese:

◇ **Schnecke.** Wird in der Garageneinfahrt gespielt. Mit Kreide eine große Schnecke aufzeichnen, auf einem Bein oder mit beiden Füßen gleichzeitig bis ins Schneckeninnere hüpfen. Umdrehen und in die Gegenrichtung zurückhüpfen: Dabei kann man sich wieder »ausdrehen«. Beim Hüpfen darf nicht über die Linie getreten werden.

◇ **Eierlauf.** Einen Pingpongball auf einem Esslöffel oder Kochlöffel balancieren. Mit der Oma oder mit den Nachbarskindern einen Wettlauf machen. Wer bringt seinen Ball zuerst ins Ziel? Früher haben wir das mit echten Eiern gespielt. Heute tut es mir aber leid um die Eier, sodass wir lieber »Attrappen« nehmen.

◇ **Heiß und kalt.** Irgendwo in der Wohnung ist ein kleiner Schatz versteckt: eine Süßigkeit zum Beispiel oder ein kleines Auto. Der oder die eingeweihte(n) Zuschauer leiten den Schatzsucher mit Zurufen auf die heiße Spur: »Ganz kalt, lauwarm, warm, wärmer, heiß!«

Kommen solche »Klassiker« eigentlich aus der Mode? Meistens steigt Marie ein. Entsteht der Wunsch nach Neuem, holen wir uns Anregungen aus dem Internet, aus einem Spielebuch von der Stadtbibliothek oder aus Büchern, die ich für solche Momente aufgehoben habe. Schon bald nimmt Marie das Zepter wieder selbst in die Hand, spielt allein weiter oder schlägt »ihre« Spiele aus dem Kindergarten vor. Am liebsten schlüpft sie in andere Rollen.

Rollenspiele

Sich in die Haut eines anderen versetzen: Wehe, ich will dabei nicht so, wie Marie will. Bei diesen Spielen geht es nach ihrem Kopf, sie ist der Chef. Marie gibt Regieanweisungen, bestimmt die Dramaturgie und stellt sich selbst im Spiel dar. Sie fühlt sich aber auch in verschiedene Rollen ein. Mit Leib und Seele ist sie bei der Sache.

» Bei Maries Rollenspielen ist Oma Statist. Meine Rollen reichen von ›Treuer Hund‹ über ›Frau an der Supermarktkasse‹ bis zu ›Böser König‹. «

Wie im Spiel, so im Leben?

Was Marie in ihrem Alltag, in ihren Träumen und Sehnsüchten an Ängsten und Freuden beschäftigt, drückt sie im Spiel aus. Beim Mitspielen gehen mir dementsprechend auch so manche Fragen durch den Kopf: Warum verkloppt sie als wütendes Kasperle den armen Räuber derartig vehement?

Warum spielt sie sich als gute Fee vor der kleinen Prinzessin auf? Wie geht es Marie eigentlich, wie ist ihre Stimmung im Moment? Was beschäftigt sie in ihren Gedanken und Gefühlen? Wie andere Großmütter und viele Großväter auch neige ich dazu, mein Enkelkind zu beobachten, genau hinzuschauen und hinzuhören.

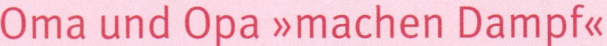

Oma und Opa »machen Dampf«

Melanie, 56: »Meine Enkelin hat die Vorstellung, das Leben sei eine Hängematte, in der sie sich's bequem machen kann. Sie bemüht sich nicht, sondern meint, es werde sich jemand finden, der für sie aktiv wird. Als ihre Oma spiele ich da nicht mit, sondern versuche ihr Beine zu machen.«

Gerlinde, 64: »Sicher war es richtig, weitgehend auf Bedürfnisse meines Enkels Peter einzugehen, als er noch ein Baby war. Aber jetzt, im Kindergartenalter, erwarte ich, dass er sein eigenes Ding macht. Ich bin weder sein Animateur noch Alleinunterhalter!«

Friedrich, 65: »Meine Enkeltochter besucht mich oft in meiner Schreinerwerkstatt. Sie steht dann neben mir und schaut mir bei der Arbeit zu. Immer häufiger sucht sie sich selbst ›Arbeit‹: Sammelt Holzstücke vom Boden auf. Baut Tore aus Holzresten ... Die Frage ›Opa, was soll ich machen?‹ höre ich selten!«

So viel Einfühlungsvermögen passt Marie nicht. Sie will nicht auf den Prüfstand gestellt werden. Ich soll mich lieber unter den mit Tüchern behangenen Esstisch quetschen, den umgekippten Stuhl als Flugzeug sicher durchs Unwetter nach Hause fliegen.

Bitte nicht stören!

Rollenspiele dauern. Hier haben die Kinder das Sagen und nicht die Erwachsenen. Die wichtigsten Tipps für erwachsene Mitspieler:

▸ Nur mitspielen, wenn man dazu aufgefordert wird.

▸ Das Spiel laufen lassen. Sich nicht einfach ungefragt einmischen, weil man gerade eine Superidee zu dem Spiel hat.

▸ Das Spiel beim Mitspielen nicht an sich reißen. Die Kinder und ihre Fähigkeiten stehen im Mittelpunkt.

▸ Das Spiel nicht abrupt beenden, sondern langsam ausklingen lassen. Möglichst vorher einen Rahmen abstecken wie zum Beispiel: »Bis zum Abendessen hast du Zeit!«

▸ Das Zimmer wird zur Bühne. Umräumen und Requisiten müssen sein. Aufgeräumt wird hinterher.

IM FRAGEALTER

Unterwegs in der Stadt, beim Spielen auf dem Spielplatz, zu Hause – Marie fallen tausend und eine Frage ein. Gerade hat sie die Warum-Fragen für sich entdeckt. Die fürchten viele Erwachsene, denn sie sind manchmal gar nicht so leicht zu beantworten. Außerdem zieht eine Warum-Frage oft gleich die nächste nach sich.

▸ »Warum müssen wir im Supermarkt bezahlen?«

▸ »Warum gibt es Ampeln?«

▸ »Warum müssen wir uns die Hände waschen?«

Manchmal frage ich zurück: »Was denkst du, warum könnte das so sein?« Das regt Marie zum Nachdenken an. Neugierig betrachtet sie die Welt, lotet sie mit Fragen und Antworten aus. Zu ihren Warum-Fragen kommen später noch die Wann-Wieso-Wo-Fragen und erste »philosophische« Überlegungen hinzu. Aus Erfahrung wissen Großeltern: Diese Phase wird anstrengend. Manchmal muss ich zu Marie sagen: »Ich habe gerade keine Zeit für deine Frage. Ich erkläre es dir beim nächsten Mal.« Oder: »Ich weiß keine Antwort!«

Antworten finden

Nach dem Tod ihrer Urgroßmutter fragt mich Marie: »Wann stirbst du?« Wir reden über plötzlichen Tod durch Unfall beim Autofahren oder Bergsteigen, über vorhersehbaren Tod durch schwere Krankheit. »Du sollst aber nicht sterben«, meint Marie. Ich erkläre ihr, dass jeder Mensch, jedes Tier, auch unser Hund, früher oder später sterben muss.

»Richtige« Antworten geben, einleuchtende, klare, behutsame – das ist eine Herausforderung für Großeltern und ihre kleinen grauen Zellen. Eins ist gewiss: Jedes Kind will ernst genommen werden, gerade dann, wenn es seine wichtigen Fragen stellt. Abwimmeln, mit Kurzantworten abspeisen oder auf später vertrösten kommt deshalb nicht in Betracht. Denn wenn auf ihre Fragen nicht geantwortet wird, verstummen Kinder auf Dauer.

Großeltern wissen auch nicht alles

Weil ich bei vielen Warum-Fragen meiner Enkeltochter passen muss, forsche ich im Internet nach Antworten, Marie auf meinem Schoß. Der Computer weiß (fast) alles.

Als unsere Kinder im Fragealter waren, haben ihre Großeltern mit ihnen im Kinderlexikon geblättert. Oder im Bildlexikon ihrer Enzyklopädie, übrigens eine unerschöpfliche Fundgrube, die – Vorsicht! – immer neue interessante Fragen aufwirft. Manchmal brauchen Enkel ein bisschen »Entwicklungshilfe«. Wer zeigt Kindern, wie sie vorhandenes Wissen anwenden, verstehen und in größerem Zusammenhang sehen können? Wie sie dieses Wissen beurteilen und für sich nutzbar machen können? Wie sie auf der Basis des bereits vorhandenen Wissens weiterforschen können? Welche Wissensquellen sie dabei nutzen können? Großeltern sind hier gefragte Begleiter und Mentoren.

Nicht zuletzt suchen Kinder mit ihren Fragen das Gespräch mit uns Erwachsenen. Sie genießen es und brauchen es, dass wir sie ernst nehmen und uns mit ihnen beschäftigen. Dass wir mit ihnen diskutieren, sie nach ihrer eigenen Meinung zu den Dingen fragen und ihnen zuhören. Das ist für sie viel wichtiger, als dass wir alles auf Anhieb ganz genau wissen.

MITREDEN UND MITHELFEN

Wenn Marie uns besucht, will sie in unser Erwachsenenleben einbezogen werden. Sie will mitreden, mithelfen, mitbestimmen und spüren, wie wichtig sie für ihre Großeltern ist.

Zu Hause helfen

Ein Teil des Lebens ist nun mal, die Hausarbeit zu erledigen, ob man mag oder nicht. Marie mag: Sie ist in dem Alter, in dem sie gern im Haushalt hilft. Deshalb lasse ich sie, obwohl ihre Hilfsaktionen Zeit kosten und oft umständlich sind. Natürlich dauert alles mit Maries Hilfe erst einmal länger, als wenn ich es allein mache. Warum ist es so wichtig, dass Kinder trotzdem helfen?

◇ **Stolz.** Kinder sind froh, wenn sie »gebraucht« werden. Man traut ihnen etwas zu – das ist gut für ihr Selbstwertgefühl. Sie genießen Erfolgserlebnisse. Deshalb gießt Marie Blumen, hilft beim Ausräumen der Spülmaschine, räumt und wischt den Tisch ab und füttert den Hund. Schön, wenn dann nach dem Ausräumen der

Spülmaschine in der Küche alles wieder an seinem Platz ist. Wenn der Hund nach dem Füttern und Gassigehen zufrieden in seinem Korb schläft.

◇ **Pflichten erfüllen.** Wer Kinder bei den alltäglichen Aufgaben einbezieht, verhindert, dass aus kleinen Jungen Paschas und kleinen Mädchen Prinzessinnen werden. Sie lernen, dass es neben der Kür eben auch die Pflicht gibt – die sogar Spaß machen kann.

Nicht nur »Juchhu«

Nicht jeder Enkelbesuch ist fröhlich und ausgelassen, denn Großeltern ticken nicht wie ein gut geöltes Uhrwerk, das zuverlässig Spiel- und andere Ideen anzeigt. Manchmal haben wir keine Lust zu spielen, sind müde, genervt, schlecht gelaunt und wollen unsere Ruhe haben. Enkel müssen auch das akzeptieren lernen, und ihre Eltern ebenfalls.

117

VORLESEN, ERZÄHLEN, SINGEN

Marie »spinnt« gerne. Wie bei allen Kindern im Vorschulalter sind für sie Gedanken und Träume, Figuren in Liedern und Geschichten real. Dass Stofflöwen leben, Schnecken sprechen, ist für sie Wirklichkeit.

Großeltern sind oftmals faziniert von den Ideen und Vorstellungen, die ihre Enkelkinder im Vorschulalter haben. Mit den passenden Anregungen können sie den Einfallsreichtum der Kinder noch fördern.

UNTERWEGS IM LANDE FANTASIEN

Natürlich kann Maries Stofflöwe denken und fühlen! Auch Tiere aus dem Garten oder aus dem Bilderbuch sprechen miteinander. Schnecken reden mit anderen Schnecken. Marie unterhält sich mit unsichtbaren Kängurus, die sie besuchen. Spielt in Gedanken mit der Maus aus dem Fernsehen. Findet es völlig normal, dass der Hund aus dem Bilderbuch ihr ein Lied singt. Es ist faszinierend, was sich in Maries Fantasie tut – eine sehr spannende Sache für Erwachsene, die ihren Kopf ja vor allem für logische, vernünftige Gedanken benutzen. Vorschulkinder setzen andere Prioritäten. Heute weiß man, dass Kinder in dieser Entwicklungsphase längst zwischen Wirklichkeit und Fantasie unterscheiden können, aber mit viel Köpfchen beide Welten gleichzeitig erforschen. Die Welt draußen: die Wirklichkeit. Die Welt drinnen: die Fantasie. Das Fantasieren im Vorschulalter öffnet ihnen später den Zugang zur Kunst. Zur Technik. Zum Erkennen von Zusammenhängen.

TRÄUME UND ALBTRÄUME

Manchmal wird Maries sprühende Fantasie sogar in ihren Träumen lebendig. Als sie wieder einmal bei uns übernachtet, wacht sie schweißgebadet und ängstlich weinend auf. »Eine böse Fee hat meine Puppe Antonia weggezaubert«, glaubt sie. Ich versuche sie zu beruhigen: »Die Puppe ist bei euch zu Hause im Bett. Wir haben diesmal nur den Löwen mitgenommen!« Doch Marie glaubt mir nicht und darf zum Trost bei uns im Bett schlafen. Am nächsten Morgen erkläre ich ihr, dass sie nur geträumt hat. »Böse Feen gibt es in Wirklichkeit gar nicht, nur im Traum oder im Märchen!«, sagt Marie beruhigt und lacht erleichtert.

Magische Welten

Ich bin fasziniert von Maries bunter, märchenhafter Innenwelt. Höre zu, wenn sie davon erzählt. Nur in dieser Entwicklungsphase zwischen vier und sechs Jahren erschaffen Kinder mit viel Witz ihre eigenen magischen Welten. Ganz nebenbei übt Marie auf diese Weise auch »Nützliches« wie Einfühlungsvermögen, Kreativität, soziales Verhalten und Ausdrucksfähigkeit.

Wachsende Unterscheidungsfähigkeit

Spätestens in der Grundschulzeit lernen Kinder Fantasie und Wirklichkeit zu trennen, und sie gewinnen damit neben der emotionalen auch an geistiger Sicherheit und Verlässlichkeit. Diese neue Entwicklungsstufe ist jetzt besonders deutlich in ihren Zeichnungen zu erkennen: Es werden nicht länger Träume und Fantasiegestalten gemalt. Aus versponnenen Bildern werden »echte«, mit »richtigen« Häusern samt spitzem Dach, Fenstern, Haustür genau in der Mitte und Schornstein. Je mehr Kinder von der Wirklichkeit kennenlernen, desto weniger füllen sie ihre Wissenslücken mit Erfundenem auf.

>> Nach der Vorschulzeit sind die ›magischen‹ Zeiten unwiederbringlich dahin, denn mit der Schule kommt der Ernst des Lebens. «

Doch bis es so weit ist, sind wir noch mitten in Maries magischer Welt, von der auch ich mich verzaubern lasse.

Was prägt jetzt die Entwicklung?

Die Sprache verfeinert sich, das Denken wird präziser, die Motorik gezielter – jedes Kind lernt ununterbrochen. In der Vorschulzeit lernen Kinder ganz besonders intensiv. Verschiedene Faktoren prägen dabei die Entwicklung eines Kindes:

▶ Der Kulturkreis, in dem es aufwächst.
▶ Die Werte, die in seiner Großfamilie von Generation zu Generation weitergegeben werden.
▶ Die Beziehung zu den Eltern, zu Geschwistern, den Großeltern und den Erziehern im Kindergarten.

Weil sich Lernprozesse laufend verändern und mal dieser, mal jener Faktor mehr Einfluss hat, kann man Förderkonzepte nicht am grünen Tisch zielgenau planen. Aus Erfahrungen mit den eigenen Kindern klüger geworden, verlassen sich erfahrene Großeltern in Sachen Förderung lieber auf:

▶ Neugier: »Im Internet finden wir neue Anregungen!«
▶ Einfälle: »Beim Kochen können wir das Zählen üben!«
▶ Improvisationstalent: »Auch mit Kochlöffeln kann man Kasperletheater spielen oder Musik machen!«
▶ Intuition: »Uns werden im Auto schon genug Spiele einfallen, mit denen wir uns die Zeit vertreiben können!«
▶ Bewegung, Tanzen, Rollenspiele, Musikmachen, dazu viele Runden Memory, Puzzeln, Würfel- und Brettspiele: Diese trainieren wichtige Kompetenzen wie soziales Verhalten, Konzentration, Zielstrebigkeit und Zahlenverständnis.

Auf diesem Terrain fühlen sich Großeltern sicher und kompetent.

VORLESEN: DAS BESTE ÜBERHAUPT

Bei ihrer Vorliebe für alles Fantastische ist es nicht erstaunlich, dass sich Marie gerne vorlesen lässt. Meine Enkeltochter hört beim Vorlesen nicht nur hoch konzentriert zu und erlebt mit bei der Geschichte, sondern sie tankt gleichzeitig Behaglichkeit, Wärme und Nähe. Sie fühlt sich sicher und geborgen und mag deshalb erstaunlich lange stillsitzen. Kein Wunder, dass Vorlesen ein Renner ist, vor allem an kalten, nassen, ungemütlichen Nachmittagen, und erst recht abends vor dem Einschlafen. Vielen Kindern fällt es schwer, sich in den Schlaf zu verabschieden. Alle Vorleser sind sich einig: Keine aufregenden Geschichten vor dem Einschlafen, damit die Figuren die Kinder nicht am Einschlafen hindern oder durch ihre Träume geistern.

»Bitte noch mal!«

Ihre Lieblingsgeschichten oder die, von denen sie gerade fasziniert sind, wollen Kinder immer wieder hören. Ob es dem Vorleser passt oder nicht: Diese Wiederholungen müssen sein. Geschichten müssen beim Vorlesen oder Erzählen außerdem bitteschön haargenau wiedergegeben werden. Bloß kein Wort verändern! Die Vertrautheit der bestens bekannten Geschichte vermittelt Sicherheit. Kürzen? Keine Chance – Kinder merken das sofort. Auch Marie registriert jede Änderung, bemängelt und korrigiert sie. Beim nächsten Mal bitte so, wie's gehört! Auch vermeintlich schwierige Wörter verstehen Kinder oft besser, als Erwachsene denken, deshalb ist es unnötig, sie durch einfachere zu ersetzen.

Ganz bei der Sache

Unserem Enkelkind vorzulesen macht uns mehr Spaß, als das Vorlesen einst bei den eigenen Kindern machte. Ohne Alltagssorgen im Rücken fällt es viel leichter, sich auf den Moment zu konzentrieren. Meine Gedanken schweifen nicht ab. Ich bin, genau wie Marie, ganz bei der Sache, genieße es, wenn sie dabei auf meinem Schoß sitzt, sich an mich kuschelt, meiner vertrauten Stimme beim Vorlesen lauscht, sich von meiner Stimme streicheln und einsäuseln lässt.

Das Vorlesen macht uns noch mehr Spaß, wenn ich neben meiner Stimme auch Gestik und Mimik einsetze, wenn ich Wörter durch besondere Akzentuierung lebendig werden lasse und aus dem Vorlesen ein Minitheaterstück mache mithilfe von lauten Tönen und leisem Flüstern, von sanftem Fiepen und kraftvollem Reden, von kurzen und längeren Pausen. Das steigert die Spannung und sorgt dafür, dass Marie sich so richtig in die Geschichte hineinvertiefen kann.

Mit jeder neuen Geschichte verändert sich beim Vorlesen meine Stimme:

► Pippi Langstrumpf. Die Stimme jubiliert, klingt lustig und ein bisschen aufmüpfig.
► Räuber Hotzenplotz. Meine Stimme knarzt schön rau.
► Der Bär. Die Stimme brummt.
► Eine Prinzessin. Die Stimme piepst und flötet.
► Die Hexe. Meckernd wie eine Ziege.

Weil die direkte, liebevolle Ansprache beim Vorlesen mindestens so wichtig ist wie die Geschichte selbst, ist das gemütliche Vorlesen für Kinder weder durch Hörbücher zu ersetzen noch durch Fernsehsendungen.

Das richtige Vorlesebuch

Wie und wo finde ich ein neues Buch für Marie? Ich frage meist zuerst in einer Buchhandlung mit Kinderbuchabteilung nach, wähle aus, was nicht nur Marie, sondern auch mir gefällt. Denn sonst macht mir das Vorlesen keinen Spaß, und das merkt unser Enkelkind sofort.

Büchereiausweis: Fahrkarte zum Leseglück

In Bibliotheken (Stadt- oder Gemeindebücherei, Schul- oder Kirchenbibliothek oder, besonders aufregend, im Lesebus der Büchereien, der in Stadtteile und aufs Dorf kommt) können Kinder herumstöbern und Bücher auswählen, die sie mitnehmen wollen. Wenn sie selbst aussuchen dürfen, erhöht das ihr Interesse an den Büchern – auch später noch, wenn sie selbst lesen können. Gegen geringe Gebühr können wir Kinderbücher, Hörbücher, Bildbände und auch mal einen Kinderfilm auf DVD ausleihen. Ganz nebenbei üben wir dabei auch noch Verlässlichkeit: Zusammen wird daran gedacht, die Sachen rechtzeitig zurückzugeben.

Auch im Internet schaue ich mich nach geeigneten Büchern um, forsche nach Empfehlungen. (Adressen siehe Seite 173.) Manchmal helfen mir auch Tipps von anderen Großeltern weiter.

Alte Bekannte wiederentdecken

Großeltern suchen gerne Bilder- und Vorlesebücher aus, die sie selbst schon liebten, wie etwa die »Häschenschule«,

»Etwas von den Wurzelkindern« oder Bücher, die bei ihren eigenen Kindern ein Hit waren, zum Beispiel Janoschs »Oh, wie schön ist Panama« oder Astrid Lindgrens »Pippi Langstrumpf«. Auch Astrid Lindgrens Geschichten von »Michel aus Lönneberga« begeistern heute noch und machen auch dem Vorleser Spaß. Gerne gehe ich in die Kinder- und Jugendbuchabteilungen in Buchhandlungen: Was kenne ich noch? Was ist neu?

Bilderbücher: immer noch aktuell

Die Phase der einfachen Pappbilderbücher ist passé. Jetzt sind Bücher mit Bildern und Texten dazu interessant. Konzentriert schaut sich Marie die Bilder an, studiert sie ausgiebig, lässt Farben und Formen auf sich wirken und übt dabei ihre Wahrnehmungsfähigkeit. Gleichzeitig lese ich die Geschichte vor – eine Geschichte, in die Marie ebenso tief eintaucht wie in die Bilder. Das Vorlesen fällt nun weniger theatralisch aus, weil wir uns auf die Bilder konzentrieren. Bilder und Texte ihrer Lieblingsbilderbücher kennt Marie in- und auswendig und trotzdem wird beides nicht langweilig.

MÄRCHEN – WIRKLICH ZEITLOS?

»Hänsel und Gretel« ist Maries Märchenfavorit, der auch in ihren Rollenspielen »verwertet« wird. In ihrer Fantasie schlüpft sie dann in die Rolle von Gretel und erlebt deren Abenteuer so intensiv, als sei sie selbst ein Teil der Geschichte. Marie liebt Märchen. Vorlesen oder erzählen? Mal so, mal so, ganz nach Wunsch.

Umstrittener Lesestoff

»Du solltest dem Kind überhaupt keine Märchen vorlesen oder erzählen«, meint eine Freundin. »Die sind viel zu gruselig. Seit meiner Kindheit gehen mir bestimmte Märchenbilder nicht aus dem Kopf! Schrecklich, wie der Wolf die sieben Geißlein verspeist, grausam, wie der Knüppel aus dem Sack auf den armen Tischlein-deck-dich-Gesellen einprügelt. Und diese geschnörkelte, altbackene Sprache, die versteht kein Mensch mehr! Nein, Märchen müssen nicht sein!« Beim Thema Märchen scheiden sich die Geister, mindestens seit den Siebzigerjahren des vergangenen Jahrhunderts.

Gut oder böse?

Die einen glauben, dass Geschichten wie Märchen, in denen sich die Figuren gegenseitig prügeln, vergiften, verraten und auffressen, aggressives Verhalten fördern. Außerdem haben sie die Sorge, Märchen könnten Kinder das Fürchten lehren und ihnen Albträume machen. Sie wollen ihre Kinder hingegen vor allem Beunruhigenden, Beängstigenden schützen, auch vor den Schreckensgestalten aus den Märchen.

Die anderen sehen es genau umgekehrt: Märchen bieten Kindern ein Ventil für ihre Gefühle, eine Projektionsfläche für unbewusste Ängste und Sorgen, sie entführen die Kinder in fantastische Gefilde, lenken von Stress und Sorgen des Alltags ab und sorgen damit für Entspannung.

Die Großelterngeneration ist überwiegend der Meinung: Kinder sind nicht aus Zucker. Sie mögen Gruseliges und vertragen eine Portion Angst und Schrecken.

Grimms Märchen beginnen meist mit »Es war einmal ...« und enden mit »... und wenn sie nicht gestorben sind, dann leben sie noch heute«. Deshalb ist Marie klar, dass es sich in der Geschichte nicht um wirkliche Orte und echte Personen handelt. Dazu trägt auch die altmodische Sprache mit ihren heute völlig ungebräuchlichen Wörtern bei. Alles zusammen schafft Distanz. Der böse Wolf, die gemeine Stiefmutter, der falsche Prinz sind weit weg vom eigenen Leben, und das beruhigt: Sie können mir nichts tun! Außerdem gibt es im Märchen neben dem bösen Wolf schließlich noch das schöne Schneewittchen, das verzauberte Dornröschen, die vernünftige Goldmarie und die gute Fee. Mit ihnen identifiziert sich Marie und wartet darauf, ebenso wunderbare Abenteuer zu erleben: Wo bleibt ihr echter Prinz? Und wie weise und kundig ist Maries eigene Großmutter?

Das sagen die Experten

► Märchen unterhalten, bieten eine Projektionsfläche für eigene Träume und Fantasien und spenden Trost.
► Märchen bereiten Kinder aufs Leben vor.
► Märchen machen Mut, weil sie immer ein Happy-End haben, und das bedeutet: Kämpfen lohnt sich.

► Märchen machen stark: Kinder versetzen Berge, werden allein mit Hexen und Ungetümen fertig und fühlen sich groß und unabhängig.
► Märchen vermitteln ein klares Bild von »gut« und »böse«. Sie bieten Kindern damit eindeutige Orientierungspunkte.

>> Das Gute siegt. Böse Königinnen und Zauberer haben keine Chance. Böse Hexen haben zum Schluss nichts mehr zu melden. Verzauberte Prinzessinnen werden dagegen erlöst. «

Am Ende jeder Märchengeschichte atmet Marie auf: Alles ist gut. Und dann lachen und staunen wir über »komische« Wörter aus den Märchen wie etwa »Tanzmeister«, »Fuhrmann« oder »Holzherr«, die ich erklären muss. Und was ist eigentlich ein Wecken? Ein Scheffel? Eine Unke? Nebenbei staune ich darüber, wie viele Wörter mittlerweile aus unserer Sprache verschwunden sind und wie sehr sich die Sprache verändert hat.

Ideal: der Nachmittag

Am besten findet eine Märchenstunde nachmittags statt und nicht als Gutenacht-Zeremonie, denn nach jeder Art von aufregenden Geschichten schlafen Kinder oft schlecht. Aus alter Anhänglichkeit bleibe ich meist bei Grimms Märchen in einer moderneren Fassung und mit Bildern. Manchmal suche ich allerdings im Internet nach neuen Geschichten, die ich ausdrucke, wenn sie mir gefallen. Manche davon erzähle ich frei nach. Auch Märchen aus aller Herren Länder kommen bei Marie gut an. Einige Buchtipps dazu stehen auf Seite 172.

Marie liebt es, die Verfilmungen von Märchen anzuschauen, die ihr vorgelesen wurden. Manchmal freut sie sich: »Genau, wie ich mir das vorgestellt habe!« Oft ist sie aber auch enttäuscht: »Ganz anders! Und da fehlt ja das meiste!« Ich frage mich, ob es ein Gewinn ist, Märchen gleich auf DVD nachvollziehen zu können. Kann der Film mit der eigenen Fantasie mithalten? Und schränkt nicht der allzu perfekte Film die Vorstellungskraft ein?

Vorlesen – ein beliebtes Ritual

Friedrich, 65: »Beim Vorlesen mag ich nicht unterbrochen werden, das Telefon stelle ich ab. Sonst ist die schöne Atmosphäre dahin.«

Gerlinde, 64: »Mich bringt es aus dem Konzept, wenn meine Enkelin zwischendrin die Bilder anschauen will. Deshalb haben wir ausgemacht, dass wir sie am Ende gemeinsam ansehen.«

Rosie, 52: »Für mich war es das Schönste, wenn meine Großmutter mir Märchen vorgelesen hat. Noch heute liebe ich es, wenn mir jemand vorliest! Dieses Erlebnis möchte ich auch meinem Enkelkind vermitteln. Darauf freue ich mich!«

GESCHICHTEN ERZÄHLEN

Maries Lieblingsgeschichten beginnen so: »Als Papa noch ein kleiner Junge war ...« Auch von meiner eigenen Kindheit, von der meiner Eltern, meiner Großeltern darf ich ihr erzählen. Es gefällt unserer Enkeltochter, wenn ich einen Riesenbogen über hundert Jahre hinweg spanne, von ihrer Kindheit zurück zu längst verstorbenen Familienmitgliedern, die sie nur vom Hörensagen kennt. Familiengeschichten verdeutlichen Kindern, dass sie Teil einer Familie sind. Sie erfahren, woher sie kommen, und das gibt ihnen Halt – sagen übrigens nicht nur Großeltern, sondern auch Psychologen. Ich erzähle auch gerne von früher, weil damit fast vergessene liebe Erinnerungen wach werden: Kindheitserinnerungen. Reiseerinnerungen.

Spannende Erinnerungen

Schilderungen der nach dem Krieg zerbombten Städte und des Wiederaufbaus, der Zeit des eisernen Vorhangs, der DDR ... All das ist Zeitgeschichte, die man auch Kindern

Familienfotos anschauen

»Ist das der Papa auf dem Foto? Hat er da die Mama schon gekannt? Wo ist das Auto auf dem Bild jetzt?« Familienalben sind ein kostbarer Schatz. Auch in schwierigen Zeiten, etwa bei einer Trennung der Eltern: Das gemeinsame Blättern im Fotoalbum hilft, mit der Situation klarzukommen. Wut, Traurigkeit, Schuldgefühle kommen zum Ausdruck, statt verdrängt zu werden.

anschaulich und spannend vermitteln kann. Mit diesen Geschichten muss ich allerdings warten, bis Marie älter ist. Gerade auch den früheren Alltag mit Schwarzweißfernseher, Telefon mit Wählscheibe und Schreibmaschine statt Computer möchte ich ihr dann gerne schildern. An Erzählstoff wird es mir also nicht mangeln.

Sehr beliebt: selbst erfundene Geschichten

Marie erinnert mich daran: »Als Papa klein war, hast du ihm vom Wäschekorbmann erzählt!« Nach einem Vierteljahrhundert Pause krame ich die Wäschekorb-Geschichten wieder aus dem Gedächtnis. Nun werden sie in der zweiten Generation erzählt – auch das ist ein Stück Kontinuität. Später greift Marie den vorgegebenen roten Erzählfaden gerne auf, bringt eigene Vorstellungen und Fragen ins Gespräch. Sie schildert Beobachtungen, macht sich ihre Gedanken und gibt Gefühle preis wie: »Ich mag den Hasen Karl, weil er so vorsichtig an mir schnuppert und so liebe Augen hat!« Marie spinnt Geschichten weiter und geht nach und nach immer gekonnter mit der Sprache um. Geschichten eignen sich auch als »Türöffner« für Gespräche über Gott und die Welt, über Ängste und Freuden, über Sehnsüchte und Träume.

Übrigens merkt Marie es sofort, wenn ich nur so tue, als ob: als ob ich Lust auf Erzählen hätte, obwohl ich gerade gar nicht mag. Als ob ich Lust auf Vorlesen hätte, obwohl ich eigentlich zu müde dafür bin. Dann macht ihr das Ganze auch keinen richtigen Spaß. Also lassen wir es dann lieber.

Reime und Fingerspiele

Reime und Verse scheinen, genau wie alte Märchen, aus fremden, geheimnisvollen Welten zu stammen, in denen es noch Nachtwächter und Spielmänner gab. Wir staunen über ...

◇ **Zungenbrecherische Wörter-Akrobatik.** »Welche, dass die Schönste ist, diese soll man küssen.« Oder: »Ross will kein Hafer fressen, muss man lauter Gerste dreschen.«

◇ **Gereimte Lügengeschichten.** »Eine Kuh, die saß im Schwalbennest mit sieben jungen Ziegen« oder, gestern wie heute unschlagbar, »Dunkel war's, der Mond schien helle«.

◇ **Wortgeklingel.** Das lautmalerische »Eiapopeia« zum Einschlafen oder »Dideldideldänzchen« zur kribbligen Unterhaltung, bis hin zu gesungenen Wörterketten wie »Spannenlanger Hansel, nudeldicke Dirn«.

◇ **Trösteverse.** Heilmittel gegen schlechte Laune, Kummer und kleine Verletzungen. Der Klassiker: »Heile, heile Segen, sieben Tage Regen.«

◇ **Fingerspiele.** »Der ist ins Wasser gefallen, der hat ihn herausgezogen, der hat ihn heimgetragen, der hat ihn ins Bett gelegt!«

◇ **Kreisspiele.** »Es tanzt ein Bi-Ba-Butzemann in unserm Kreis herum, dideldum.« Schneller, langsamer, in Zeitlupe und dann wieder rasend schnell geht es im Kreis herum.

◇ **Unbekannte Wörter.** Haberstroh und Hollerbusch, Quasselstrippe und Schusterknecht: Solche geheimnisvollen Wörter wecken die Neugier auf die Welt von gestern.

Fast alles davon findet man heute im Internet – zum Beispiel unter den Adressen auf Seite 173.

Aus der Schatztruhe

Marie und ich mögen alte Kinderreime, weil sie Tradition haben und mit ihrem Singsang ihren besonderen Reiz. Manchmal krame ich Gedichte und Reime aus meinem Gedächtnis, die mir meine Großmutter vor sechzig Jahren mitgegeben hat, wie etwa »Wie heimlicherweise ein Engelein leise mit rosigen Füßen die Erde betritt, so nahte der Morgen« – Zeilen, die mich allerdings mehr ansprechen als Marie.

Seit unsere Kinder auf der Welt sind, steht ein dicker Wälzer mit alten Kinderreimen im Regal. Der wird nun wieder benutzt. Gleichzeitig steht uns dank Internet eine riesige Bibliothek alter und neuer Kinderreime zur Verfügung. Wenn ich nur noch Satzfetzen eines Verses im Kopf habe, der Computer findet für mich die fehlenden Zeilen.

Gehirngymnastik

Vorlesen, erzählen, zuhören, verstehen, nachfragen – Sprache ist Training fürs Gehirn, denn dadurch bilden sich neue Verknüpfungen der Gehirnzellen. Bildungsforscher sagen: Vorlesen und Erzählen machen schlauer, konzentrierter, fantasievoller, neugieriger. Sechs- bis Siebenjährige verfügen schon über einen aktiven Wortschatz von fünf- bis sechstausend Wörtern!

Kein Förderstress!

Wird viel vorgelesen, wollen Kinder möglichst bald selbst lesen. Wir sind uns einig: »Das ernsthafte Lesen hat Zeit bis zur Schule!« Bis dahin wird mit Buchstabenkeksen gespielt oder mit der Tastatur vom PC.

Auf breiter Basis hat sich das oft propagierte Frühlesen in den vergangenen Jahrzehnten nicht durchgesetzt. Wenn Kinder von sich aus schon im Vorschulalter lesen lernen, ist das natürlich etwas anderes! Experten haben übrigens festgestellt, dass es für die spätere Intelligenz eines Kindes unerheblich ist, ob man ihm besonders lehrreiche oder ganz einfache Geschichten und Bilderbuchtexte vorliest.

LIEDER SINGEN

Kinder lernen das Sprechen mithilfe des Singsangs einer vertrauten Stimme. Sprache ist Musik in ihren Ohren. Das Hör-Erlebnis intensiviert sich, wenn aus dem Singsang richtiges Singen wird. »Bruder Jakob, Bruder Jakob, schläfst du noch?« – unsere Söhne erinnern sich bis heute genau an ihr erstes Lied. Lieder sorgen für gute Laune, deshalb singe ich mit Marie, obwohl mein Gesang nicht vom Feinsten ist. Auch bei falschen Tönen oder lautem Krächzen schwingt in der Stimme Zuwendung, Zärtlichkeit, Liebe mit: die ganz persönliche Note. Allein vor mich hinsingen heißt: Ich spüre mich. Das stärkt das Selbstgefühl. Mit anderen singen heißt: Ich bin einer im Chor. Das stärkt das Gemeinschaftsgefühl. Gemeinsames Singen festigt die Bindung, stärkt die Beziehung, wie beim Vorlesen oder Erzählen. Deshalb sind die Stimmen und das (Mit-)Singen von Mama, Papa, Oma, Opa nicht durch eine noch so gute CD zu ersetzen. Experten sind sich einig: Sowohl beim Musikhören als auch beim Singen werden im Gehirn auch die Zentren für Lernen, Sprache, Gedächtnis, Kreativität gestärkt.

Alte und neue Lieder

Mit unserer Enkelin singe ich die Lieder, die ich gerade im Kopf habe, und das sind altbewährte wie »Hänschen klein«, »Alle meine Entchen«, »Häschen in der Grube«, »Backe, backe Kuchen« und »Summ, summ, summ, Bienchen summ herum«.

Sie sei zu groß für solche Sachen, sagt Marie irgendwann und will jetzt lieber Lieder für Größere singen, wie zum Beispiel »Oh du lieber Augustin« oder »Wer will fleißige Handwerker sehn«. Beim Zubettbringen »Die Blümelein, sie schlafen« und »Der Mond ist aufgegangen«. Dass die Klassiker unter den Kinderliedern, lange links liegen gelassen, heute wieder Konjunktur haben, kommt mir gerade recht, so bin ich mit »meinen« Liedern up to date. Nicht immer melodie- und textsicher, finden wir in einem älteren Lieder-buch (siehe Buchtipps Seite 172) so ziemlich alle Lieder, die uns einfallen, und viele mehr, die es zu entdecken gibt. Wenn ich mich nicht traue, ein mir unbekanntes Lied vorzusingen, höre ich es mir vorher auf einer CD mit Kinderliedern an. Viele Lieder gibt es auch mit Hörbeispielen im Internet (siehe Adressen Seite 173).

Um die neuen Kinderlieder kümmern sich Maries Eltern und der Kindergarten. Und um Pop und Rock, ebenfalls beliebt bei Kindern? Nicht mein Ding. Omas müssen nicht alles können.

Musikinstrumente: üben, üben, üben?

Matthias, 70: »Mein Enkel soll schon mit drei Jahren Flöte lernen. So ein Unsinn, seine kleinen Finger können ja gar nicht die Löcher bedecken. Ein Bub soll in dem Alter lieber toben!«

Monika, 55: »Mein Sohn beschwert sich heute, dass ich früher nicht streng genug war und ihm keinen Druck gemacht habe beim Üben, als er siebenjährig mit dem Klavierspielen begann. Wie wunderbar könnte er sonst heute Klavier spielen! Diese Geschichte erzähle ich meiner Enkeltochter. Ob sie das beeindruckt und sie dazu motiviert, mehr zu üben?«

131

AKTIV SEIN UND WAS TUN

Sich bewegen, die Möglichkeiten von Kopf und Körper ausprobieren: Kinder nehmen ihr Leben jetzt immer mehr selbst in die Hand. Wir Großeltern können ihnen dazu viele Anregungen geben.

Immer nur vorm Fernseher sitzen, ein Stubenhocker werden? Nein! Kinder wollen ihren natürlichen Bewegungs- und Schaffensdrang ausleben.

IMMER IN BEWEGUNG

Kinder sind gerne in Bewegung, wenn man sie lässt. Still auf dem Stühlchen sitzen? Höchstens ein paar Minuten. Aber ist hüpfen, laufen, springen, sich ordentlich austoben vielleicht bereits Vergangenheit? Hat der Drang nach Bewegung einen Dämpfer bekommen? Kinder seien Meister im Stillsitzen geworden, beklagen Experten. Sie hocken vor der Glotze, sitzen am Computer und sind auf virtuelle Welten aus, immer seltener auf echte. In den Städten ist oft kein Platz mehr zum Toben: zu viele Autos, zu weite und gefährliche Wege zu geeigneten Spielflächen. Dazu kommen noch lärmgeplagte Anwohner, die aggressiv auf Kindergeschrei reagieren. Die Auswirkungen: Viele Kinder zappeln herum, können sich nicht lange auf ein Spiel konzentrieren. Ihre Wahrnehmungs- und Koordinationsfähigkeit leiden: Wo ist rechts, wo links? Wie gehe ich rückwärts, seitwärts, wie halte ich auf einem Bein stehend das Gleichgewicht? Wie geht ein Purzelbaum – vorwärts und rückwärts? Wenn ich mit Marie zusammen bin, gehen wir oft in den Park, um zu spielen.

Kinderlärm

Großeltern hören gerne über fröhlichen Kinderlärm hinweg, empfindliche Nachbarn fühlen sich gestört. Dazu die Rechtsprechung: Lachen, Weinen, Schreien und Spielgeräusche sind hinzunehmen. Kinder dürfen im Hof und im Garten spielen. Dabei müssen aber die vor Ort geltenden Ruhezeiten berücksichtigt werden.

◇ **Mit dem Ball spielen.** Fußball, Handball, Fangball.

◇ **Hüpfen.** Auf dem rechten und dann auf dem linken Bein. Mit beiden Beinen gleichzeitig. Vorwärts, rückwärts und umeinander herum.

◇ **Balancieren.** Auf einer Mauer oder einem umgestürzten Baumstamm.

◇ **Gehen.** Vorwärts, rückwärts, seitwärts, zwei Schritte vor und einen zurück oder extra schnell gehen. Trab, Galopp und Dauerlauf.

NICHTS WIE RAUS!

Zurück zur Natur, an die frische Luft: Das ist gesund, und zwar bei jedem Wetter. Im Frühling, Sommer, Herbst und Winter sind Marie und ich in Feld, Wald und Wiese unterwegs, am liebsten im dunklen Wald, der an Märchen und Mythen erinnert. Er weckt Maries Neugier und hundert Fragen und setzt ihre Fantasie in Gang. Gerne laufen wir planlos durch die Gegend, lassen uns treiben, tauchen in die Natur und ihre tausend Farben ein, halten Ausschau nach Feldmäusen, Vogelnestern, Wiesenblumen, Sonnenuntergängen, Schneckenhäusern, Waldgeistern, Regenwolken. Wir ziehen Äste hinter uns her, balancieren auf Baumstämmen, springen über Gräben und riechen am Holz. Wir patschen in Pfützen, dass es ordentlich spritzt, und schmeißen Steine ins Wasser. Wir umarmen Bäume, beobachten Würmer, gehen durch hohes Gras und genießen weite Ausblicke. Bei diesen Ausflügen fühlen wir uns gleichermaßen wohl. Wir erholen uns, genießen die Stille, atmen tief durch und freuen uns des Lebens.

133

Kommt Maries Opa dazu, ist Schluss mit Schlendern. Dann werden Staudämme im Bach gebaut und Wasserräder fabriziert. Zusammen werden Figuren aus Wurzeln geschnitzt, Schiffe aus Baumrinde gebaut und Hüte aus Riesenblättern geformt. Marie und Opa kommen in Fahrt, spucken immer neue Ideen aus und setzen sie in die Tat um. All das schärft die Sinne und fördert den Erfindungsreichtum.

Berührungsängste

Kinder, die sich viel draußen bewegen, leiden seltener an Hyperaktivität, Übergewicht und Konzentrationsstörungen. Allerdings dürfen immer weniger Kinder draußen spielen. Zecken, Tetanuserreger, Fuchsbandwurm, giftige Pflanzen, Dreck, eklige Schnecken, Hundehaufen – nicht wenige Eltern und Kinder haben heute Berührungsängste mit der Natur. Für die Kinder bedeutet das: Keine Feld-, Wald- und Wiesenspaziergänge mehr, schon gar nicht querfeldein und ohne Aufsicht. Hier können Großeltern versuchen gegenzusteuern, da sie seltener unter diesen neuen Berührungsängsten leiden.

Dabei spielt es keine Rolle, wer Oma und wer Kind ist. Wir haben die gleichen Bedürfnisse und Freuden: Gras riechen. Sonne durch grüne Blätter sehen. Vogelgezwitscher hören. Bucheckern schmecken. Moos streicheln. Kastanien, Stöcke, Steine, Tannenzapfen: Was wir aufsammeln, eignet sich auch prima zum Basteln.

War früher alles besser?

Der Konsumzwang, die vielen Termine, die Umweltprobleme, später dann der zunehmende Stress in der Schule – kinderleicht ist heute nichts mehr. Ältere verklären die eigene Kindheit und manchmal auch die ihrer Kinder gerne: »Früher war alles besser!«

Sie bemitleiden die heutigen Kinder aufgrund all der Probleme, allerdings mit einer Ausnahme: Die Kindheit der eigenen Nachkommen sehen sie weniger kritisch – diese sei noch einigermaßen kindgemäß und damit ganz in Ordnung, sagen viele Ältere laut einer neuen Studie.

»Wir forschen gemeinsam«

Friedrich, 65: »*Jedes Kind ist anders, jedes hat seine besonderen Interessen und Begabungen. Wenn ich bei meinem Enkelsohn bin, gehe ich auf seine besonderen Vorlieben ein. Er gibt die Richtung vor, ich steige ein. Im Augenblick interessiert er sich für Frösche. Hochinteressant. Wir machen uns auf die Suche nach ihnen. Auch ich lerne dazu!*«

Axel, 57: »*Wo schlafen Enten? Was fressen Wildschweine? Meine Enkelin hält mich mit ihren Fragen auf Trab. Wir suchen im Internet und im Lexikon nach Antworten auf alles Mögliche und sind schon beide schlauer geworden!*«

Rosie, 52: »*Mein Enkelsohn liebt wie ich die Natur. Wir beobachten gemeinsam Ameisen, Käfer, Schmetterlinge, Vögel, sammeln Kastanien und basteln Männchen daraus. Zu Hause schauen wir uns Naturkundebücher an, denn er will alles genau wissen. Dabei lerne ich auch noch dazu!*«

BASTELN UND WERKELN

Das Selbermachen, Basteln und Bauen hatte lange Zeit ein Imageproblem. Etwas selbst zu gestalten galt als Heimwerkeridylle »von gestern«. Langsam bekommt es aber wieder Aufwind. Marie ist es sowieso egal, was gestern galt und was heute gilt. Basteln und Malen sind feinmotorische Übungen, denn dabei werden die Hände trainiert – hochempfindsame Instrumente, die aus 54 Knochen und 48 Muskeln aufgebaut sind. Außerdem verfeinert sich beim Werkeln die Koordination von Händen und Augen – und die »zuständigen« Bereiche im Gehirn wachsen, unzählige neue Nervenverbindungen bilden sich.

Etwas tun mit Händen und Kopf

Marie schneidet begeistert Männchen aus Papier und macht sie mit Zahnstochern standfest. Sie knifft Helme aus Zeitungspapier, hantiert mit Stiften, Schere, Pappe, Klebstoff, Stöckchen, Hölzchen und Stofflappen. Basteln ist viel mehr als nur ein Spaß oder eine Beschäftigungsmaßnahme.

Das Arbeiten mit den eigenen Händen stärkt Maries Selbstwertgefühl. Stolz wie Oskar präsentiert sie ihre Erzeugnisse: den Saurier aus einem Miniluftballon, den sie mit bunten Papierstreifen beklebt hat. Die Ente aus bemalten Holzstücken und Steinen.

Ich mache was, ich kann was!

Marie weiß: Es bleibt etwas von meinen Bemühungen übrig, das man sehen, anfassen, gebrauchen kann. Wer Produkte selbst herstellt, sie ausprobiert, repariert, fühlt sich autark, irgendwie unabhängig, muss nicht gleich in den nächsten Laden laufen oder sich helfen lassen.
Positive Bastelerfahrungen lassen Marie jedenfalls innerlich um ein paar Zentimeter wachsen. Und was ist mit den negativen, wenn nichts so klappt, wie Marie es will? Wenn das Butterbrotpapier reißt, das zum Laternebauen gebraucht wird, wenn der Kleber an den Fingern pappt und nicht am Papier, wenn das Glas mit den Pinseln umfällt und Marie in zornige Tränen ausbricht? Dann muss ich trösten. Nicht alles klappt auf Anhieb – auch das ist eine wichtige Erfahrung.

Marie gibt nicht auf, sie will Nachwuchshandwerkerin werden mit Säge und Hammer. Viel zu früh? Viel zu gefährlich? Nein! Je früher Kinder den richtigen Umgang mit Werkzeugen lernen, desto besser ist es.

Marie werkelt zusammen mit ihrem Großvater: Das ist genau sein Ding. Er hat versprochen aufzupassen. Hier haben sich zwei gefunden: Stundenlang vertiefen sie sich in ihre Projekte, und am nächsten Tag geht's gleich nach dem Frühstück weiter.

Die Zukunft liege heute nicht mehr in den Händen der Dichter und Denker, sagen Ingenieure, die Nachwuchs ausgucken. Sie liegt in den Händen der Tüftler und Denker.

IMMER AKTUELL: MALEN

Wie fast alle Kinder malt Marie gerne und ausdauernd. Mit Bunt- und Wachsmalstiften, mit Wasserfarben und Pinsel. Hier ist Oma gefragt: Nebeneinander setzen wir uns an den Küchentisch. Wir haben reichlich Zeitungspapier unter dem Malpapier ausgebreitet, damit gekleckert werden darf. Dann legen wir los.

Ich male gerne. Jetzt habe ich wieder reichlich Gelegenheit dazu. Marie animiert mich zum Malen, nicht ich sie! Ich könne doch den Clown weitermalen, den sie angefangen hat, sagt sie. Oder aus den roten Kreisen mehr machen. Einen Saurier malen. »Wird meiner größer als deiner?« Beim Malen gebe ich viele Stichwörter, die Marie aufgreift und umsetzt. »Oma, was soll ich malen?«, fragt sie mich, wenn sie noch weitermalen möchte, ihr aber zwischendurch die Ideen ausgehen. Ich warte gespannt ab, was aus meiner Anregung wird. Fertige Malvorlagen brauchen wir nicht.

IM MEDIENZEITALTER

Ob die Spiele und Beschäftigungen, die Großeltern im Kopf haben, bei Kindern noch ankommen? Oder müssen wir den Enkeln zuliebe durch Fernsehprogramme zappen und am Computer spielen?

Medienkompetenz ist heute angesagt: Der Umgang mit Computer und Internet ist nicht mehr wegzudenken. »Der Computer gibt Lieder und Geschichten zum Besten. Die Menschen und ihre Einfälle sind unwichtiger geworden«, sagen die Skeptiker unter den Großeltern, die nichts im Sinn haben mit dem digitalen Zeitalter.

VERNÜNFTIGER UMGANG MIT MEDIEN

Die meisten Großeltern lassen sich jedoch längst auf die neuen Medien ein, unterstützen die Eltern darin, ihrem Kind einen vernünftigen Umgang mit Medien beizubringen.

◇ **CD-Player.** Bis zu ihrem vierten Geburtstag ist Marie mit ihrem CD-Player völlig zufrieden, auf dem sie Kinderlieder, bereits von Oma vorgelesene Lieblingsmärchen oder Geschichten von Pippi Langstrumpf und Räuber Hotzenplotz anhört.

◇ **TV.** Weil der Fernseher tagsüber nie eingeschaltet ist, entdeckt Marie die Faszination bewegter Bilder erst mit fünf Jahren. Nun sieht sie gelegentlich »Sandmännchen« oder »Teletubbies«. Nach einer halben Stunde ist Schluss! Tipps für gute Kindersendungen hole ich mir aus Eltern-Zeitschriften.

◇ **DVD.** Als Marie mit Beinbruch und Gipsbein zum Stillsitzen verdonnert ist, sieht sie Märchen wie »Aschenputtel« und »Dornröschen«

auf DVD an, auch Walt-Disney-Filme, aus der Videothek entliehen. Es ist kein Opfer, sondern ein Vergnügen für mich, die Filme mit ihr anzuschauen und Maries Fragen zu beantworten. Der Vorteil der DVD: Wir können die Filme stoppen und zu einem späteren Zeitpunkt weiterlaufen lassen.

◇ **Computer.** Als Marie den Computer für sich entdeckt, will sie gleich eine E-Mail an ihre Mami schicken, obwohl sie noch gar nicht schreiben kann. Zuerst hackt sie wild auf die Tastatur ein, aber bald lernt sie die Buchstaben kennen und findet sie auf der Tastatur. Irgendwann wagen wir uns auch ins Internet, wo es zu meinem Erstaunen Spiel- und Lernprogramme bereits für Dreijährige gibt.

Am Puls der Zeit bleiben

Noch muss ich Marie in Sachen Medien alles zeigen. In ein paar Jahren wird sie mir alles Mögliche beibringen, da bin ich sicher. Durch Marie bleiben wir auf dem neuesten Stand.

Das empfehlen Experten

► Kein Fernsehen und kein Computer für kleine Kinder bis drei Jahre, da Kinder in diesem Alter Wirklichkeit und Fiktion noch nicht unterscheiden können. Sie bekommen deshalb schnell Angst, werden unruhig und träumen schlecht.

► Ab fünf Jahren höchstens eine halbe Stunde pro Tag vor einem Bildschirm sitzen, davon am Computer höchstens insgesamt zwei Stunden pro Woche. Erwachsene schauen oder spielen mit beziehungsweise sind zumindest immer in Hörweite.

► Häufig quengeln, nörgeln und heulen Kinder, wenn die vereinbarte Bildschirm-Zeit um ist. Da hilft nur eines: konsequent bleiben und spannende Alternativen anbieten.

NOCH MEHR
ENKELKINDER

Unser zweites Enkelkind ist da: Max. Er lebt sechshundert Kilometer von uns entfernt, nicht gleich um die Ecke wie Marie. Jetzt sind neue Großelternqualitäten gefragt: Wie können wir der jungen Familie über die Entfernung hinweg nahe sein? Neue Herausforderungen brauchen neue Ideen. Und was sagt Marie, Enkelkind Nummer eins, zu dem Familienzuwachs?

NÄHE AUS DER FERNE

Wir lernen Max per Mail mit Foto kennen. Wie ein schönes, glattes Äpfelchen sieht unser neues Enkelkind aus. Aber obwohl das Bild von Max eine Menge aussagt, braucht Liebe mehr als ein Foto.

Wir sehnen uns nach Max, wollen ihn anfassen, in die Arme nehmen, spüren: ihn sehen, riechen, fühlen. Deshalb machen wir uns schleunigst auf den Weg zu ihm.

LIEBE AUF DEN ERSTEN BLICK

Unser Enkelsohn hat seine ersten Lebenstage bereits hinter sich, als wir ihn zum ersten Mal »richtig« bestaunen: Alles dran. Ein wunderschöner kleiner Mann. Ein intensiver Blick, ein zartes Maunzen: Max guckt uns aus großen Augen an. Jetzt wissen wir nicht nur, sondern fühlen auch, dass wir ein neues Enkelkind haben.

»Hallo Max, da bist du ja. Du bist einer von uns. Deine Cousine Marie wartet gespannt auf deinen ersten Besuch bei ihr.« Wie das wohl wird mit uns auf die große Entfernung zwischen unseren Wohnorten?

Erster Trennungsschmerz

In graueren Momenten macht mir die weite Entfernung zu Max und seinen Eltern zu schaffen. Statt Optimismus habe ich dann nur noch Zweifel: Wie können wir von Max erwarten, dass er eine Beziehung zu uns aufbaut, wenn er uns nur alle paar Monate in der Ausnahmesituation »Oma und Opa zu Besuch« erlebt? Wie kann er uns kennenlernen, wenn er kaum Ahnung von unserem normalen Leben hat?

Weil wir zuverlässig immer wieder bei Marie auftauchen und zusammen unseren Spaß haben, besteht eine tiefe Bindung zwischen uns. Wie kann eine vergleichbare Bindung zu Max entstehen? Wie können wir als seine Großeltern zu einer festen Größe in seinem Leben werden? Gerade jetzt geschieht so viel in seinem Leben. Sein erstes Lächeln. Sein erstes Brabbeln. Am Telefon erleben wir seine Entwicklung auf ziemlich unvollkommene Art und Weise mit. Robben, krabbeln, laufen – da wir Max und seine Eltern nur drei- oder viermal im Jahr sehen, ist seit dem letzten Besuch immer eine Menge passiert.

Familienzusammenhalt

Besser als alles Hadern: Schwung holen. Natürlich werden wir vertraut mit Max sein, selbst wenn wir ihn selten sehen. Alle setzen alles daran, die Familie trotz der Entfernung zusammenzuhalten. Jetzt, beim zweiten Enkelkind, haben wir die Chance, auf eine ganz neue, andere Art und Weise Großeltern zu sein. Wir werden uns was einfallen lassen und das gemeinsam hinkriegen.

Noch sind die Großeltern eine Minderheit, die eine lange Reise von Kindern und Enkeln trennt und die darüber nachdenken müssen, wie sie den Kontakt halten. Meist wohnen sie in der Nähe der Enkelkinder – noch. Immer öfter leben Großfamilien übers ganze Land, die ganze Welt verstreut.

Einzelkinder

Viele Kinder bleiben heute Einzelkinder. Das sehen Großeltern mit Staunen: Warum nur ein Kind? Alles dreht sich dann um das eine – kann das gut sein? Damit das Einzelenkelkind nicht im Zentrum aller Aufmerksamkeit steht, sorgen sie gerne für Kontakt zu anderen Kindern, wenn ihr Enkelkind zu Besuch ist. Ich lade eine Freundin mit Enkelkind ein, wenn Marie mich besucht. Ein bisschen Konkurrenz kann nicht schaden.

»Wie schön, dass es euch gibt!«

Marion, 65: »*Das erste Treffen mit meinem zweiten Enkelkind findet in unserem Sommerhaus auf einer Ferieninsel statt. Seit einigen Tagen bereite ich dort alles vor. Nun erwarte ich meine Tochter und ihre kleine Familie, die am anderen Ende der Welt leben. Natürlich bin ich aufgeregt, meinen kleinen Enkel zum ersten Mal zu sehen. Ausgerüstet mit Fotoapparat und einem Kuschelhasen stehe ich am Bootshafen und halte Ausschau nach der Fähre. Dort, weit in der Ferne, ein weißes Pünktchen! Da ist mein Enkelkind drin! Das Pünktchen wird größer und ebenso meine Aufregung. Endlich läuft die Fähre in den Hafen ein. Bald steigen meine Tochter und mein Schwiegersohn mit dem Kinderwagen aus. Das Baby schaut mich fragend an: ›Wer betrachtet mich denn da so neugierig?‹ Es schreit nicht. Ich fühle mich gleich akzeptiert.*«

Robert, 57: »*Inzwischen habe ich drei Enkelkinder. Nach jeder Geburt stellen sich die dazugehörigen Gefühle erst nach und nach ein. Dann ist die Begeisterung, wieder einen kleinen fertigen Menschen im Arm zu halten, jedoch immer gleich groß. Welch ein Glück, ein gesundes Enkelkind bekommen zu haben!*«

Melanie, 56: »*Denke ich an meine in den USA lebenden Kinder und ihre Familien, tröste ich mich über meine Sehnsucht nach ihnen mit dem Wissen hinweg, dass sie ein glückliches Leben führen. Das ist doch was! Per Mail halte ich Kontakt zu meinem Enkel. Mindestens eine bekommt er pro Tag und scheint sich darüber zu freuen. Ab und zu bekomme ich auch eine!*«

KONTAKT HALTEN

Um zwischen Großeltern und Enkel eine vertraute Beziehung zu schaffen, schmieden wir gemeinsam mit unseren Kindern Pläne. Die Überschrift dafür heißt: Nähe aus der Ferne. Im Laufe der Zeit müssen unsere Pläne sicherlich immer wieder neu »überarbeitet« werden.

Möglichst oft besuchen

In seinem ersten Lebensjahr wollen wir Max möglichst oft besuchen, auch wenn es nur kurz ist. So lernt er uns kennen und wir werden ihm vertraut, trotz häufigem Kommen und Gehen. Max merkt schon im Babyalter: Die gehören dazu und sind für mich da. Einen Haken hat die Sache natürlich: Reisen ist teuer. Wir behalten deshalb die Sparangebote der Bahn und der Fluggesellschaften im Auge und wagen für Autofahrten auch mal Neues: Bei der Mitfahrzentrale finden wir (zahlende) Mitreisende.

Auf unseren jährlichen Urlaub mit blauem Meer und Sonnenschein verzichten wir trotz unserer Enkelbesuche aber nicht.

Fotos machen

Wir legen für Max ein Fotoalbum an: Oma mit Max als Baby auf dem Arm. Opa und Max im Auto. Opa mit Fahrrad. Oma mit Gießkanne. Opa mit Rasenmäher. Marie mit Einkaufswagen. Maries Vater mit Zeitung, Maries Mutter am PC.

Als Max ins Kleinkindalter kommt, basteln wir ihm oft Fotobilderbücher mit Sprechblasen und anderen Texten, die wir ihm dann per Post schicken: »Der Garten im Sommer.« – »Unser neuer Hund.« So bekommt er Einblick in unser Leben.

Vielleicht wird Max die Idee später aufgreifen und uns per Foto oder Video von seinem Leben erzählen – dank Digitalkamera, Handy und Computer heute kein Problem mehr.

Feste Bereiche pflegen

Das Thema Fußball ist Opasache. Opa will mit Max Fußball spielen, über Fußball reden und ins Fußballstadion gehen. Mal abwarten, ob Max mitmacht. Wenn ihm Fußball piepegal ist, muss sich Opa etwas anderes ausdenken, das Max in Gedanken fest mit ihm verknüpfen kann.

und ausgemacht: Max wird nicht mit seiner Cousine verglichen.

Telefonieren

Weil Rituale Vorfreude schüren, außerdem Sicherheit und Halt bieten, vereinbaren wir feste Telefontermine: Punkt sechs am Sonntagabend ist Oma-Opa-Zeit. Wir »telefonieren« bereits mit dem drei Monate alten Baby Max. Erzählen ihm erste kleine Geschichten. Machen Geräusche ... Seine Eltern beschreiben uns seine Reaktionen: Er staunt in den Hörer hinein. Wann fällt der Groschen, wann versteht er, dass Oma und Opa am anderen Ende der unsichtbaren Strippe sind, wann wird er uns antworten? Genauso rufen wir auch manchmal Marie an, wenn wir bei Max sind, und lassen die beiden sich austauschen.

Ich fühle mich eher für das Thema Malen zuständig, will Max seinen ersten Stift, seinen ersten Block schenken und zusammen mit ihm bunte Bilder malen. Mal gucken, ob er mitzieht. Bei Besuchen will ich mit Max rote Grütze fabrizieren, Apfelkuchen backen, Bayerische Creme rühren. Natürlich auch basteln. Ich möchte unserem »neuen« Enkel die Rituale anbieten, die auch bei unserem ersten Enkelkind Marie gut angekommen sind. Natürlich soll das nicht zum Zwang für Max und schon gar nicht zur Konkurrenzveranstaltung zu unseren Unternehmungen mit Marie werden. Denn eins ist gewiss

Familiengeschichten aufschreiben

Die Familiengeschichten, die wir Marie erzählt haben, schreiben wir für Max auf. Zur Einschulung wollen wir ihm ein dickes Album mit Geschichten und Fotos schenken.

Post schicken

Weil ich selbst gerne Post bekomme, gehe ich davon aus, dass sich Max über Postkarten und Päckchen ebenso freut. Da Max tagsüber in der Krippe, seine Eltern im Büro sind, schicke ich Päckchen immer zum Wochenende.

Neue Welten zeigen

Wir zeigen Max bei seinen Besuchen, was er als Stadtkind nicht kennt, etwa den Bauernhof im Dorf mit Kühen und Milchkannen, mit Hund, kleinen Katzen, Hühnern und einem Rie-sentrecker. Mit Bohnenlaube im Garten. Mit Bank vorm Hühnerstall.

Sich mit den Eltern abstimmen

Das Wichtigste zum Schluss: Ein intensiver Kontakt zum Enkel setzt das Einverständnis der Eltern voraus, und die haben bisweilen andere Schwerpunkte, zudem wenig Zeit und Muße. Ab und zu erinnere ich sie daran, dass sie anrufen, uns einladen oder informieren wollten, und erzähle ihnen von meiner Sehnsucht nach Max. Meist fällt das auf fruchtbaren Boden.

Die Entfernung überbrücken

Philipp, 49: »Das Größte für uns Großeltern: Die ganze Familie reist von München nach Hamburg und bleibt für mehrere Tage. Diese Tage gehören nur der Familie! Dazwischen schreibt unsere Tochter regelmäßig Familienberichte per Mail an alle Großeltern.«
Christoph, 50: »Wie kann ich Kontakt zu meinem in England lebenden Enkel aufnehmen und halten? Wir sind keine begnadeten Telefonierer! Jetzt bin ich auf die Idee gekommen, ihm zu schreiben. Ich schreibe auf, was ich erlebt habe, noch ganz einfach und kurz. Später versteht er auch längere Sätze!«

WENN EINER EINE REISE TUT...

Max wird groß und größer. Meist machen wir uns auf den Weg zu ihm und seiner Familie und nicht umgekehrt. Das ist praktischer, und wir reisen gerne – am liebsten ganz entspannt.

Hilfe, wir brauchen dich! Meine Reisen zu Max und seinen Eltern verabreden wir meist kurzfristig, nach der Devise: »Unser Babysitter ist krank. Kannst du kommen, Max von der Kita abholen und nachmittags für ihn sorgen?« Oder: »Wir haben berufliche Termine. Magst du einspringen?« Auch besondere Anlässe wie Hochzeiten oder runde Geburtstage, die unser Sohn und unsere Schwiegertochter wahrnehmen wollen, bedeuten: »Wir brauchen dich!« Max mit Babysitter ein ganzes Wochenende allein lassen? Lieber noch nicht. Seine Eltern suchen eine Vertrauensperson, und diese Person bin ich gerne. Übrigens wird meine Mit-Oma noch häufiger gefragt – für mich völlig in Ordnung. Kein Grund, zu konkurrieren oder zu grübeln, mich zurückgesetzt zu fühlen oder beleidigt zu sein. Unterstützen, helfen, einspringen – vor allem Oma- und nicht Opasache, erfahre ich beim Umhören. Großmütter sagen schnell »ja«, sind nach eigener Aussage unkompliziert und pflegeleicht.

REISEMÖGLICHLEITEN

Düsen die unternehmungslustigen Eltern am Freitagabend los, reise ich meistens donnerstags an, um als Auftakt noch einen gemeinsamen Großeltern-Kinder-Enkelkind-Abend zu haben. Ein Extrabonbon.

Brauchen mich unsere Kinder länger oder will ich im Anschluss die Stadt und ihre Museen genießen, bleibe ich noch ein, zwei Tage über Kinderhüten und Wochenende hinaus.

Wenn ich allein anreise, bevorzuge ich die Bahn. Aufs Fliegen verzichte ich, denn mit der Bahn bin ich, alles eingerechnet, schneller. Außerdem erwische ich kaum einen günstigen Flug, weil ich mich selten früh genug festlegen kann. Im Zug kann ich unterwegs herrlich lesen und bin flexibel in puncto Rückreise. Viele Sparangebote gibt es auch, die ich im Internet beobachte. Das Auto nehmen wir nur, wenn Opa mitkommt – dann wird die lange Fahrt kurzweiliger und entspannter. Wir machen bei Fahrten mit dem Auto unterwegs ausgiebig Pause, schauen uns Städte an, die wir noch nicht kennen.

◇ ◇ ◇ ◇ ◇ ◇ ◇ ◇ ◇ ◇ ◇ ◇ ◇ ◇ ◇ ◇ ◇ ◇ ◇ ◇

Einmal quer durchs Land

Marion, 65: »*Mindestens fünfmal im Jahr fahre ich quer durch die Republik. Während Sohn und Schwiegertochter auf Geschäftsreise sind, hüte ich meinen vierjährigen Enkel und seine siebenjährige Schwester. Ein Intensivprogramm, das ich liebe. Aber auf der Rückreise nach Hause weiß ich dann auch, was ich getan habe!*«

Friedrich, 65: »*Mir ist es zu unbequem, bei meiner Tochter und meinem Schwiegersohn auf dem Sofa zu übernachten. Aber ich liebe meinen Enkelsohn und meine Enkeltochter über alles. Deswegen miete ich mich in einer Pension in der Nähe ein und komme nur, wenn es passt, wenn ich gebraucht werde. So fallen wir uns nicht auf die Nerven. Das hat sich bewährt, und für mich ist es jedes Mal wie ein kleiner Urlaub mit Familienanschluss.*«

◇ ◇ ◇ ◇ ◇ ◇ ◇ ◇ ◇ ◇ ◇ ◇ ◇ ◇ ◇ ◇ ◇ ◇ ◇ ◇

149

ENDLICH SEID IHR DA!

Nach meiner Ankunft bringen mich unsere Kinder bei einem Kaffee zuerst einmal auf den neuesten Stand. Sie berichten mir, was bei Max zur Zeit hoch im Kurs steht, welche neuen Rituale es beim Zubettbringen gibt, auf welches Kuscheltier er keinesfalls verzichten möchte. Mir wird gezeigt, wo alles ist, und die Liste wichtiger Telefonnummern übergeben, außerdem gibt's ein paar Tipps, welche Unternehmungen und Beschäftigungen bei Max gerade besonders gut ankommen. Das meiste ist mir schon von Marie bestens bekannt.

Sobald ich mit Max allein bin, inspizieren wir die Vorräte und überlegen, was wir brauchen, um Mäxchens Lieblingsessen zu kochen. Das schreiben wir auf eine Liste und ziehen los.

» Wir schlendern durch den Supermarkt, besuchen die Enten im Park, malen: Max und ich tun, was sechshundert Kilometer entfernt auch Marie und ich zusammen gemacht haben. «

In ihrer Begeisterungsfähigkeit und ihrer kindlichen Neugier ähneln sich Max und Marie. Und beide zeigen mir auf die gleiche Weise, wenn sie genug haben: quengeln, wollen ihr Ding dann allein machen. Auch typische Erziehungssituationen, die ich mit Maries Eltern immer wieder besprochen habe, wiederholen sich.

Je nachdem, wann unsere Kinder zurückkommen, bereite ich noch ein Abendessen vor, bei dem sie mir ihre Erlebnisse erzählen können. Dadurch fühle ich mich eingebunden in die kleine Familie.

Rückzugsmöglichkeiten

Großmütter sind nicht mehr die Jüngsten. Meistens jedenfalls. Viele brauchen zwischendurch ihre Ruhe. Aber sich zurückziehen, die Familie sich selbst überlassen? In den meisten Wohnungen ist das heute kaum möglich, denn Gästezimmer sind rar. Das heißt: Ab aufs ausziehbare Sofa und morgens Schlange vorm Bad stehen. Da ein zu enges Aufeinanderhocken unweigerlich Probleme mit sich bringt, sind Streit und gereizte Stimmung vorprogrammiert.

Ich kann mich noch sehr gut daran erinnern, dass ich immer drei Kreuze machte, wenn die Großeltern unserer Kinder den Heimweg antraten und bei uns wieder alles in den gewohnten Bahnen lief – so entlastend die Kinderbetreuung durch Oma und Opa auch war. Deshalb bleibe ich, wenn die gesamte junge Familie anwesend ist, nie länger als zwei Übernachtungen. Das reicht, um ihr Leben durcheinanderzuwirbeln.

Organisation ist alles

Ich weiß von jungen Eltern, die sich für die gerne und lange zu Besuch kommenden Großeltern und andere Besucher in der Nähe ihrer Wohnung ein Appartement leisten. Eine deutlich günstigere Möglichkeit: Die Kinder ziehen samt Bettzeug und Kuscheltieren aufs Sofa um, die Oma übernimmt das Kinderschlafzimmer. Das kann wunderbar klappen, denn für viele Kinder ist es ein Abenteuer, mal im Wohnzimmer zu übernachten – im Mittelpunkt des Familienlebens. Der Oma treten sie ihr Zimmer meistens gern für eine Weile ab, weil sie ihren Besuch genießen.

Am Familienleben teilnehmen

Neben den Not-am-Mann-Reisen gibt es natürlich auch langfristig geplante Besuche. Dann kommt Opa mit. Max lernt Sitzen, Laufen, Sprechen … Er kommt in den Kindergarten, in die Schule, hat ein Klaviervorspiel – oft planen wir Reisen zu unseren Kindern, wenn wichtige Extratermine anstehen, und signalisieren damit: Wir haben großes Interesse an euch und möchten wichtige Momente in eurem Leben mit euch teilen. Trotz der großen Entfernung, trotz unserer seltenen Treffen entfremden wir uns nicht.

Den Alltag miterleben

Zu meinem eigenen Erstaunen weiß ich bereits eine Menge über den Alltag von Max und seiner Familie, obwohl sie so weit entfernt leben. Denn wenn ich bei ihnen zu Besuch bin, erwische ich immer das volle Programm: Vierundzwanzig Stunden Familie, mit Sonne und Regen, mit Sturm und Hagel. Bald kenne ich all die neuralgischen Punkte des Zusammenlebens und weiß genau, wer sich worüber aufregt oder freut.

151

Keine Ahnung dagegen, wie ein normaler Sonntagmorgen, ein Dienstagabend in Maries Familie aussieht, keinen Schimmer, ob häufig gestritten wird oder selten, denn den Alltag dort erlebe ich nur häppchenweise, obwohl oder gerade weil unsere Kinder nicht weit entfernt von uns wohnen. Bei Marie und ihren Eltern bin ich jeweils für einige Stunden, dann kehre ich in mein eigenes Leben zurück. Betreue ich Marie zu Hause, trudele ich eine Stunde bevor die Eltern das Haus verlassen ein und verabschiede mich wieder nach einem Plausch oder einem gemeinsamen Abendessen. Übernehmen wir Marie für ein Wochenende, kommt sie zu uns nach Hause. Kein Wunder, dass ich nur Bruchstücke von Maries Familienleben mitbekomme.

Zeit für Gegenbesuche?

Max und seine Eltern besuchen uns selten, und das hat seine Gründe: wenig Urlaub, wenig Geld, zu wenig Platz bei den Großeltern für eine Kleinfamilie. Es ist einfach zu umständlich, mit Sack und Pack bei Oma und Opa aufzukreuzen. Aber ab und zu steht doch ein Besuch an.

Natürlich warte ich sehnsüchtig auf Max. Ob er sich sehr verändert hat seit unserem letzten Treffen? Wird er fremdeln? Darf ich ihn in die Arme schließen? Mag er bei uns bleiben? Was sagt er zu Marie, und was sagt Marie zu Max? Mit welchen Erwartungen sehen wir dem Besuch entgegen?

◇ **Wovon Großeltern träumen.** Wir haben hundert Ideen im Kopf vom Picknick unter schattigen Bäumen bis zum Bild einer fröhlichen Marie, die herrlich mit Max spielt. Obwohl wir wissen, dass zu detaillierte Vorstellungen selten wahr werden, sehen wir den gemeinsamen Tagen mit hohen Erwartungen entgegen.

◇ **Was sich junge Eltern wünschen.** Ausruhen, einfach nur zusammensitzen, so wie früher, ein bisschen verwöhnt werden ... Die Eltern von Max und die von Marie haben ihre eigenen Vorstellungen von unserem Familientreffen.

◇ **Worauf sich Enkelkinder freuen.** Mit dem Hund zum Bach gehen. Erdbeeren pflücken. Die Milch vom Bauern holen. Auch Marie und Max haben eigene Erwartungen an das Wiedersehen bei uns.

Nicht zu viel erwarten!

Gelingt es nicht, alle Wünsche und Träume unter einen Hut zu bringen, entstehen schnell Frust, Spannungen und Gewitter mit Blitz und Donner. Die Situation verschärft sich noch, wenn ein reisemüdes Kind, irritiert durch die neue Umgebung, zusätzlich mit Quengeln reagiert, weil sein Rhythmus durcheinandergeraten ist. Was hilft dann? Besuchen gelassen entgegensehen, ohne allzu präzise Vorstellungen. An den eigenen Erwartungen nicht krampfhaft festhalten, sondern loslassen: Es wird schon laufen, egal was kommt.

Allein zu Oma und Opa

Mit dem Flieger dürfen Kinder ab fünf Jahren allein unterwegs sein, mit der Deutschen Bahn ab sechs (siehe auch Seite 173).

▶ **Fliegen:** Zwei Stunden vor der Check-in-Zeit bringen die Eltern ihr Kind zum Flughafen. Am Schalter der Fluggesellschaft erhält der »unaccompanied minor« einen Brustbeutel, die UM-Tasche mit Flugticket, Bordkarte, Ausweis und dem Formular, aus dem hervorgeht, wer das Kind am Ziel abholt. Am Gate übernimmt ein Betreuer den kleinen Reisenden und bringt ihn ins Flugzeug. Dort kümmern sich Steward(ess) und bei Langstreckenflügen eigens ausgebildete »Sky-Nannies« um den kleinen Passagier. Am Ziel nehmen Oma und Opa das Enkelkind in Empfang, gegen Ausweiskontrolle! Also ruhig Blut: Kein Grund, sich Sorgen zu machen.

▶ **Bahnfahren:** »Kids on Tour« heißen die allein reisenden Kinder bei der Deutschen Bahn, um die sich Betreuer der Bahnhofsmission kümmern. Nur ausgewählte Strecken und Züge freitags, sonntags und an manchen Feiertagen sind bisher im Angebot.

FERIEN MIT OMA UND OPA

Wenn Ferien in der Kindertagesstätte oder später in der Schule anstehen, bin ich bei Max zunehmend im Einsatz, denn berufstätige Eltern haben schließlich nur begrenzt Urlaub.

In den Ferien vertiefen Max und ich unsere »Fernbeziehung«. Nun haben wir endlich Zeit am Stück für uns. Am liebsten hole ich Max zu uns nach Hause. Das ist unkomplizierter und damit weniger anstrengend, denn in unseren eigenen vier Wänden bestimmen Oma und Opa, wo's langgeht, haben das Sagen, legen die Regeln fest. Auf vertrautem Terrain bin ich entspannter, sicherer und freier im Umgang mit meinen Enkelkindern, zudem habe ich den Haushalt unter meiner Regie und muss nicht ständig fragen. Das leuchtet unseren Kindern ein. Was wir mit Max in seinen Ferien unternehmen? Das bewährte, mit Marie erprobte Programm.

IM FERIENPARADIES?

Auf der Suche nach Abwechslung beschäftige ich mich mit einem neuen Trend, den Reiseveranstalter heute mehr und mehr propagieren: Großeltern und Enkel zusammen unterwegs. Viele Reiseveranstalter und Hotels haben sich bereits darauf eingestellt. Seniorenrabatte und Kinderermäßigung sorgen dafür, dass der Geldbeutel nicht zu stark strapaziert wird. Oma und Opa haben Zeit für sich, weil sich das Enkelkind in Miniclubs amüsiert, die es inzwischen für alle Altersgruppen gibt. Ein Sportprogramm wird auch angeboten, außerdem Mal- und Bastelkurse. Gegessen wird gemeinsam. Eine gute Idee auch für uns?

Unvergessliche Ferientage

Hannah, 58: »*Wir fahren mit unseren Enkelkindern gerne auf eine autofreie Nordseeinsel in ein Familienhotel. Dort gibt es ein wunderbares Spielzimmer mit Betreuerin, so dass wir, wenn wir mal eine Verschnaufpause brauchen, kein schlechtes Gewissen haben müssen. Sonst bauen wir Burgen am Strand, spielen Ball, machen Wattwanderungen und Radtouren. Bei schlechtem Wetter gehen wir ins Hallenbad, spielen »Mensch ärgere dich nicht«, puzzeln, lesen vor. Abends sind wir todmüde und fallen gleichzeitig mit den Enkelkindern ins Bett.«*

Axel, 57: »*In den großen Ferien kommen unsere vier Enkelkinder, zwei Kinder unseres Sohnes, zwei unserer Tochter, zu uns. Wir haben einen Heidenspaß mit den Enkelkindern, die sich sonst nicht oft sehen können, weil sie weit auseinander wohnen. Wir leben auf einem Bauernhof, das ist für die Stadtkinder ein großes Erlebnis. Sie dürfen die Hühner und die Schweine füttern, Beeren pflücken, Marmelade daraus kochen. Wir beziehen sie in die täglichen Arbeiten mit ein. Da können sie viel lernen. Und sie genießen es. Es gibt so vieles, was sie auf dem Land anstellen können!«*

Friedrich, 65: *Mein Enkelsohn und ich haben eine geführte Flussreise im Kanu mitgemacht – eine lustige Truppe, jeden Tag neue Ansichten und Schlafen im Zelt oder unter freiem Himmel. Anstrengend war es schon, aber das Opa-Enkel-Team hat dadurch ordentlich Schwung bekommen, und eine Woche lang ausschließlich in der Natur zu sein hat uns beiden richtig gutgetan.*

GEMEINSAMER FAMILIEN-URLAUB

Drei Familien machen Ferien – es ist wirklich wahr: Unsere Kinder haben vorgeschlagen, dass wir, alle Mann hoch, zusammen verreisen. Kaum zu glauben! Hätten wir früher gemeinsame Ferien mit Eltern oder Schwiegereltern vorgeschlagen? Wohl kaum, denn in den Ferien wollten wir als berufstätige Eltern unsere Kinder endlich für uns haben und nicht teilen müssen. Unsere Kinder scheinen im Loslassen geübter zu sein als wir und weniger Besitzansprüche an ihre Familien zu haben, denn sie sagen cool: »Auf diese Weise schlagen wir mehrere Fliegen mit einer Klappe. Ihr seht eure Enkel, wir unsere Eltern, wir können alle zusammen sein, und nebenbei hat jeder auch genug Zeit für sich!«

So gelingt's

Was unsere Kinder vorschlagen, liegt genau wie Großeltern-Enkel-Reisen ebenfalls im Trend, sagen Tourismusexperten. Jedenfalls steigen wir erfreut und optimistisch in das spannende Projekt ein, das uns gefällt.

Die wichtigste Voraussetzung für das Gelingen ist auch dabei natürlich eine gute Planung.

Trockenübungen machen

Wir »üben« für die Familienreise, verbringen zunächst ein gemeinsames verlängertes Wochenende. Da die Tage recht harmonisch verlaufen, planen wir nun ein oder zwei Wochen gemeinsamen Urlaub.

Ziel anpeilen

Italien oder Nordsee, Gebirge oder Ostsee – wer bestimmt das Ziel? Unsere Kinder wählen das Ziel aus, wir sind mit allem einverstanden. Sie einigen sich auf die Nordsee: Davon haben alle am meisten, selbst wenn es mal regnen sollte.

Unterkunft festlegen

Wie soll der Ort unserer Urlaubsträume aussehen? Kinderfreundliches Hotel, drei Appartements in einem Haus oder ein gemeinsames Ferienhaus? Ein Cluburlaub? Der ist bequem und berechenbar: Fast alles ist im Vorhinein bezahlt. Man trifft sich zu den Mahlzeiten, unternimmt einiges gemeinsam, aber jeder kann auch seiner eigenen Wege gehen. Wir Großeltern haben nur einen Wunsch: Kein gemeinsamer Haushalt, keine Fragen wie: Wer kauft ein, wer kocht, wer räumt auf, wer macht sauber? Unterschiedliche Vorstellungen über Haushaltsführung in den Ferien sind Gift für unser Gemeinschaftsprojekt. Die Lösung: Alle wohnen zusammen im kinderfreundlichen Hotel, wo Großeltern und Enkel morgens zusammen frühstücken können, wenn alle anderen noch schlafen.

Klare Absprachen treffen

Wir einigen uns darauf, dass klare Absprachen das A und O fürs Gelingen unseres Familienprojekts sind. Jeder sagt, was er will und was er nicht will. Opa zum Beispiel will Bewegung und nicht stundenlang am Strand hocken. Oma möchte oft die Enkel betüteln. Die Kleinfamilie möchte auch mal für sich sein. Die Vereinbarung heißt: Schon bei der Planung sagt jeder offen und ehrlich, wie er sich die Ferien vorstellt. Und darauf stellen sich die anderen ein, so gut es möglich ist.

Urlaub heißt: Freiraum genießen

Schließlich fahren wir los. Jeder der Reisegefährten hat Extrafreuden, die er während der Ferien ausbaut:

◇ **Die Großeltern genießen die Familie.** Herrlich: ausreichend Zeit für lange Gespräche, für gemütliches Zusammensitzen! Aber auch die Großeltern sind ab und an gerne ohne Anhang unterwegs, genießen die Zweisamkeit in schöner Umgebung, gehen essen oder ins Hafenmuseum.

◇ **Die Eltern nutzen ihre Freiräume.** Sie schlafen endlich mal wieder nach Herzenslust aus, während die Großeltern bereits ausgiebig mit den Enkeln frühstücken. Sie gehen abends ganz entspannt ins Kino oder zum Essen, weil Oma und Opa gerne Babysitter spielen. Außerdem können sie auch mal zu zweit oder zu viert Ausflüge unternehmen, die zu anstrengend für Kinder wären.

◇ **Die Enkelkinder fühlen sich in der Großfamilie stark.** So viel Zusammenhalt, so viel Familie – in diesen Ferien tanken die Kinder hundert Liter Sicherheit. Mama und Papa sind so entspannt und lustig, wie ihre Kinder sie bisher kaum kannten. Außerdem lernen Cousine und Cousin einander besser kennen, haben manchmal Streit, aber vor allem jede Menge Spaß.

Ein super Team

Zu unser aller Überraschung gelingen die Ferien, denn meistens spielen alle mit. Wir haben Glück: Kein Verweigerer in den eigenen Reihen, der bockt. Keiner, der mosert: »In den Ferien Absprachen treffen – was soll das denn?« Wir kommen erstaunlich gut miteinander klar, weil wir es wollen. Weil wir uns Mühe geben miteinander.

Unvergessliche Erinnerungen

Als schöne Erinnerung an die gemeinsamen Ferien freuen sich alle über einen bebilderten Reisebericht, zu dem jeder etwas beiträgt: Fotos, Anekdoten, Handabdrücke mit Wasserfarbe, eine Bodenprobe vom Sandstrand.

» Wenn ich unser Reisetagebuch durchblättere, wird mir wieder einmal ganz deutlich bewusst, wie stark meine Liebe zu meiner Familie ist. «

Familienurlaub: eine Mutprobe?

Johanna, 33: »Normalerweise verstehe ich mich sehr gut mit meiner Schwiegermutter. Aber gemeinsamer Urlaub? Das ist doch zu viel des Guten! Mein Mann hat seine Mutter eingeladen, mit uns und unserer Tochter zusammen ein Ferienhaus am Meer zu mieten. Ohne mich zu fragen. Ich war stocksauer! Wenn ich in Urlaub fahre, möchte ich doch ungestörte Zeit mit Mann und Kind verbringen, endlich mal ohne Termine und Alltagsstress. Es wäre zwar praktisch, wenn wir immer einen Babysitter hätten, aber der Preis ist mir zu hoch. Gott sei Dank: Sie hat abgesagt. Ich glaube, ihr war das auch nicht ganz geheuer.«

Jens, 35: »Ferien mit meinen Schwiegereltern – finde ich toll! Endlich mal wieder Zeit für lange Gespräche bei einem Glas Wein am Abend. Und mein Schwiegervater will unserer Tochter Schach- spielen beibringen. Aber nur im Hotel. Ein Ferienhaus kommt nicht infrage, da steht dann womöglich meine Frau die ganze Zeit in der Küche. Und mein Sohn ist ziemlich unordentlich, das halte ich nicht aus. Ich freue mich schon auf die Zeit.«

Sabine, 39: »Wir machen Wanderurlaub in Schweden, mit Oma und Opa – und Mini-Reisegepäck. Da können mein Mann und ich auch mal Extratouren gehen, während Großeltern und Enkel den gemütlichen Wanderweg nehmen. Abends essen wir alle zusam- men im jeweiligen Quartier und genießen danach noch den lauen Sommerabend – jeder nach seinem Gusto. Jedenfalls hocken wir nicht aufeinander und sind immer unter freiem Himmel.«

WEIHNACHTEN, OSTERN & CO

Alle Jahre wieder macht sich die Familie Gedanken: Wer reist zu wem, oder bleiben diesmal alle zu Hause? Ein klassisches Familienthema. Die Planung erfordert viel Fingerspitzengefühl.

Unsere Kinder feiern abwechselnd mal bei den Großeltern mütterlicherseits, mal bei den Großeltern väterlicherseits. An etlichen Festtagen haben wir also nichts um die Ohren, telefonieren dank Flatrate viel mit Kindern und Enkelkindern, mailen und wechseln sogar Briefe wie in früheren Zeiten. Wir genießen unsere Freiheit, freuen uns aber umso mehr auf Feiertage, an denen der Laden wieder brummt, Kind und Kegel in der Tür stehen.

WILLKOMMEN DAHEIM!

Bei uns angekommen, fällt sofort aller Anreisestress von den jungen Familien ab. Max und Marie nehmen ihren Opa in Beschlag. Unsere Schwiegertöchter verschwinden mit Kaffeetassen und Keksen hinter ihren Zeitungen und Büchern. Unsere Söhne mutieren wieder zu den Jungs, die machen, was sie zu Hause schon immer gemacht haben: blödeln, statt zu helfen. Den Hund auf Trab und damit den Weihnachtsbaum oder den Ostereierstrauß in Gefahr bringen. Und ich reagiere auf das Familientheater so, wie ich bereits vor zwanzig, dreißig Jahren reagiert habe: mal milde, mal unleidlich. Die Rollenverteilung bleibt weitgehend so, wie sie immer war. Das sagt nicht nur meine Erfahrung, sondern auch die Fachwelt, die außerdem bestätigt: Der Einfluss, die Macht der Eltern ist ungebrochen.

Um Mamis Sehnsucht nach Harmonie zu erfüllen, bemühen sich unsere Söhne mit mehr oder weniger Erfolg, auf ihre Belange einzugehen – genau wie einst zu Kinderzeiten.

Um Papi nicht zu provozieren, verschweigen sie ihm ihre wahre politische Meinung. Auch das wie früher. Aber nicht nur die Rollen sollen so bleiben, wie sie immer waren, sondern auch die Feiertagsrituale, dazu die Bilder im Wohnzimmer, die Stühle um den Esstisch ...

FAMILIENFRIEDEN IN GEFAHR

Im Laufe der Festtage zeigen sich oft Risse im System: Die Erwachsenen haben irgendwann genug von den alten Rollen und Bildern, die Enkelkinder bringen mit ihrer neuen Dynamik das alte System noch mehr durcheinander. Der Braten duftet auf dem Teller, aber aus heiterem Himmel kommt eine Bemerkung wie »Ich habe schon Kinder mit besseren Tischmanieren gesehen!« oder »Ohne deinen geliebten Wacholder würde mir die Sauce noch besser schmecken«.

Ruhe bewahren

Wie soll man auf solches Donnergrollen am heiteren Familienhimmel reagieren? Eine gute Möglichkeit: Ruhig bleiben und die Gespräche über Tischmanieren, Kindererziehung und Kochrezepte vertagen mit Sätzen wie: »Können wir das Thema nicht später aufgreifen und vertiefen?« Mal gelingt es auf diese Weise, die Wogen zu glätten. Ebenso häufig gelingt es nicht: Dann schlagen die Wogen hoch. Es gibt Knatsch, und bald stampft der Erste beleidigt aus dem Zimmer – egal was Oma und Opa davon halten.

Lieber raushalten

Wir versuchen, uns wenigstens aus den Diskussionen zwischen unseren Kindern herauszuhalten und bloß nicht Stellung zu beziehen, sonst bekommen wir von unseren Söhnen ganz schnell wieder zu hören, was sie schon als kleine Buben gesagt haben: »Ihr nehmt immer den Kleinen in Schutz, und ich soll vernünftig sein!« Oder: »Warum soll ich als Jüngerer immer nachgeben?« Sehr erwachsen ist das nicht, aber es muss wohl immer mal wieder raus.

Wenn drei Generationen aufeinander-hocken, sind Probleme und Reibereien vorprogrammiert, da trotz aller Planung und Offenheit, trotz aller Absprachen immer wieder unter-schiedliche Erwartungen aufeinander-prallen. Das wissend, umschiffen wir Schwierigkeiten mal mehr, mal weniger geschickt.

Wenn Konflikte hochkochen

Was tun, wenn während Familienzu-sammenkünften Grenzen überschrit-ten werden und alte Generationenkon-flikte hochkochen, die man längst überwunden glaubte? Wie reagieren, wenn die einen die anderen mit Vorwürfen triezen?

◇ **Grenzen aufzeigen.** Etwa mit einem Satz wie: »So wie du das siehst, habe ich das noch nie gesehen!«

◇ **Zeigen, wie getroffen man ist.** »Ich fühle mich von deiner Reaktion und deinen Worten sehr verletzt!«

◇ **Das Thema vertagen.** Später, mit Abstand zum Geschehen, lässt sich eine möglichst sachliche Auseinander-setzung darüber führen. Oder man kann klar sagen, dass man eine solche Diskussion nicht führen mag.

◇ **Die Situation beenden.** Hinausge-hen und kurz sagen, warum: »Ich will jetzt meine Ruhe haben!«

Nicht unter den Teppich kehren

Konflikte unter den Teppich kehren, krampfhaft auf Harmonie aus sein, das bringt nichts. Streitereien können das Salz in der Suppe sein, die Familie weiterbringen und sogar festigen. Das behauptet jedenfalls ein erfahrener Großvater von zwölf Enkelkindern aus meinem Freundeskreis. Voraussetzung: Die Streithähne gehen wieder aufein-ander zu und versöhnen sich. Erfahrene Menschen wie wir Großel-tern neigen dazu, Richter zu spielen, Konflikte von vermeintlich höherer Warte aus zu bewerten, zu verurtei-len – zum Beispiel auch bei Paarkon-flikten. Das verstärkt die Probleme nur und ist wenig hilfreich. Lieber jeden mit seiner Meinung akzeptieren.

» Trotz Gewitter scheint
es allen so gut
gefallen zu haben,
dass sie sich schon auf
die nächsten Feiertage freuen:
›Wir kommen wieder!‹ «

Feiertage = Festtage?

Matthias, 70: »*Da ich aus einer Großfamilie stamme, wo alle Feste im großen Kreis gefeiert werden, war ich enttäuscht, als sich herausstellte, dass die junge Familie mit meinem ersten Enkelkind Susa für sich feiern wollte. Da musste ich schon ein wenig schlucken! Aber Theater machen ist Quatsch, akzeptieren ist besser. Die junge Familie hat eben ihre eigenen Vorstellungen.*«

Rosie, 52: »*Unsere Kinder bleiben an Feiertagen grundsätzlich zu Hause mit der Begründung: ›An diesen besonderen Tagen sollen unsere Kinder ihr Zuhause genießen!‹ Sie laden entweder die einen oder die anderen oder alle Großeltern zusammen zu sich ein. Für uns heißt das: An Sonn- und Feiertagen sind wir regelmäßig auf Achse! Aber besser so, als dass unsere Kinder mit Kind und Kegel über die Autobahn rasen!*«

Hannah, 48: »*Am ersten Feiertag lädt uns die eine, am zweiten die andere Familie zum Brunch, Mittagessen, Tee oder Abendessen ein – je nach Lust und Laune. Und wir sehen unsere Enkelkinder. Manchmal bringen wir noch einen Kuchen oder ein Dessert mit. So verteilt sich der Vorbereitungsstress auf mehrere Schultern. Das Ganze lässt sich machen, weil wir alle im gleichen Ort leben.*«

Nena, 67: »*Egal ob Weihnachten, Ostern oder Pfingsten – mir wird der ganze Trubel immer sehr schnell zu viel, und deshalb flüchte ich regelrecht vor der Familie. Ich gönne mir stattdessen ein paar Tage in den Bergen oder am Meer. Für meine Kinder ist das okay, denn wir sehen uns im Alltag ja regelmäßig.*«

RITUALE, SPIELE UND VIEL GEMÜTLICHKEIT

Weil sie meist mehr Muße haben, mehr Sinn für Beschauliches als ihre stark beanspruchten Kinder, sind Großeltern oft für die besonderen Akzente im Familienleben zuständig, besonders an Festtagen. Mit geliebten Ritualen und Traditionen setzen sie glitzernde, funkelnde Lichter, die allen in Erinnerung bleiben.

Weihnachten: festlich und besinnlich

Meine Enkelkinder, normalerweise keine begeisterten Spaziergänger, gehen an Weihnachten alle Jahre wieder gern mit mir durch die Stadt. Allerdings muss es dafür draußen schon dunkel sein. Während wir durch die Straßen wandern, in erleuchtete Wohnungen schauen, erzähle ich, wie die Stadt früher aussah, wie Weihnachten gefeiert wurde, als ich ein Kind war. Als meine Eltern, meine Großeltern Kinder waren. Was gab es zu essen? Wie sahen die Geschenke aus? Je älter meine Enkelkinder werden, desto mehr Fragen.

Offenbar tut es ihnen gut, sich in einer Reihe mit ihren Großeltern, Urgroßeltern, Ururgroßeltern zu sehen. Wir entdecken unterwegs wieder viel Neues – für mich gilt das besonders, wenn ich zu Besuch bei meinen entfernt lebenden Enkelkindern bin.

>> Wir erzählen von unseren Plänen für die Weihnachtszeit, trinken Kinderpunsch am Glühweinstand und werfen dem Straßenmusiker eine dicke Münze in den Geigenkasten. <<

Individuelle Geschenke

Mein Bruder, seit Jahren ein erprobter Großvater, geht mit seinen Enkelsöhnen kurz vor Weihnachten über einen Schrottplatz und baut mit ihnen anschließend aus den mitgebrachten Fundstücken ein richtig gut funktionierendes Spielzeug, etwa ein Karussell aus Blech oder eine Kullerbahn für Glasmurmeln. Diese Spielzeug-Einzelstücke stehen später unter dem Weihnachtsbaum, nach dem Motto: »Nicht schlecht, was wir gemeinsam fabriziert haben!«

Geburtstag: aufregend und ausgelassen

Noch wichtiger als Weihnachten ist für fast alle Kinder der eigene Geburtstag – endlich wieder einmal ganz die Hauptperson sein! Dieser Festtag gehört allein dem Geburtstagskind. »Der Briefträger hat Post für mich«: ein ganz besonderes Geschenk für Kinder. Für die Geburtstagspost bin ich zuständig: Ein Päckchen voller schöner Überraschungen, das einen Tag vor dem Geburtstag ankommen muss. Mit einer dicken Aufschrift: »Erst am Geburtstag öffnen!«
Habe ich Gelegenheit, ein Enkelkind an seinem Geburtstag zu sehen, bringe ich meine Spieluhr mit, die nur am Geburtstag auf den Tisch kommt und »Wir kommen all und gratulieren« tönt. Bin ich bei der Feier nicht dabei, jubiliert die Spieluhr durchs Telefon. Ist eine Geburtstagsparty verabredet, bringe ich meinen legendären Schokokuchen mit – ohne den geht's nicht. Inzwischen helfen mir gerade verfügbare Enkelkinder beim Backen. Ihr gutes Gefühl dabei: »Ich mache mit. Ich bin Teil des Ganzen.« Das gibt ein Gefühl von Sicherheit.

Die Aufgabe des Großvaters: Er ist zuständig für den Videofilm, der bei jedem Familientreffen gedreht wird. Längst unterstützen ihn seine Enkel ideenreich beim Dreh.

Ostern: bunt und fröhlich

Endlich kein dicker Anorak mehr. Endlich wieder warme Sonne. Für unsere Enkelkinder ist Ostern Frühlingsanfang, auch wenn es regnet oder stürmt. Wir Großeltern übernehmen das Bemalen der Eier, auch der ausgeblasenen für den Osterstrauch, mit dem Inhalt backen wir Osterbrot. Mal bemalen wir die Eier mit Buntstiften, mal färben wir sie mit Pflanzenfarben im Topf. Anfangs beschränkten sich die Kinder aufs Zuschauen und Staunen. Inzwischen beteiligen sie sich an der Malerei. Und wenn mal ein Ei zu Bruch geht? Kein Problem, auch Eier-Scherben bringen Glück.
Opa ist für Spiele zuständig, wie zum Beispiel »Eierrutsche«: Über ein leicht schräg gelegtes Brett rollen hartgekochte Eier. Wir schließen Wetten ab: »Welches Ei trudelt am weitesten?« Oder Eierlauf (siehe Seite 113) mit hartgekochten Eiern.

FAMILIENBANDE

Egal wie groß die Entfernung ist und wie sich die Familie verändert: Die Familienbande bleiben bestehen. Kinder und Eltern – das sind lebenslange Beziehungskisten, die es in sich haben.

Bei aller Unterschiedlichkeit haben Eltern, Kinder und Kindeskinder und auch ihre Beziehungen untereinander viele Gemeinsamkeiten.

VON ELTERN UND SCHWIEGERELTERN

Ganz besondere Verbindungen bestehen zwischen Eltern und ihren erwachsenen Kindern – und auch zwischen Großeltern und ihren Schwiegertöchtern und -söhnen.

Töchter: oft kontaktfreudig

Wer sich umhört, erfährt, dass Töchter in der Regel einen engen Kontakt zu ihren Eltern halten. Meistens sind sie in Familienangelegenheiten auf dem Laufenden. Sie erzählen bereitwillig, was sie und die Enkelkinder erleben. Nöte und Freuden werden haarklein miteinander besprochen, nebenbei wird das nächste Treffen verabredet. Viele erwachsene Töchter rufen ihre Mutter zu jeder Tages- und Nachtzeit an, wenn ihnen danach der Sinn steht – und umgekehrt. Wenn bei der lange erwachsenen Tochter besondere Ereignisse anstehen, etwa die Geburt eines Kindes, ein Krankenhausaufenthalt, werden aus den Eltern wieder Mami und Papi, die Mut machen und ihr Kind fest in den Arm nehmen. Natürlich gibt es aber auch Töchter, die froh sind, nicht in unmittelbarer Nähe der Eltern zu leben.

Söhne: manchmal redefaul

Mütter scheinen von ihren Söhnen weit weniger über das tägliche Leben der Familie und die Entwicklung ihres Enkelkindes zu erfahren als von ihren Töchtern. Mit dem Sohn regelmäßig telefonieren und sich austauschen? Oft Fehlanzeige. Wer bei Großeltern nachfragt, erfährt, dass das Klischee von den »redefaulen« Söhnen zu stimmen scheint. Alltagsbelange bereden? Nicht unbedingt die Stärke und schon gar nicht der innige Wunsch von Söhnen.

»Söhne wandern nach ihrer Familiengründung in die Familie ihrer Frau ab«, sagen erfahrene Großeltern. Als Jungen-Mutter habe ich diesen Satz immer abgetan mit einem »Wird schon nicht so schlimm werden!«. Gleichzeitig registriere ich aber, dass er doch oft stimmt.

Schwiegertöchter: eine ganz besondere Beziehung

Über die Beziehung zwischen Schwiegertöchtern und -eltern existieren viele Klischees, an denen manchmal auch etwas dran ist. Nehmen Schwiegertöchter von den eigenen Eltern gern Ratschläge an, empfinden sie diese schnell als Einmischung, wenn sie von den Schwiegereltern kommen. Schwiegertöchter seien in der Regel zurückhaltender als Töchter, sagt man. Wenn sie anrufen, überlegen sie, ob es gerade passt. Meist rufen sie an, wenn es Konkretes zu besprechen gibt wie etwa ein Geburtstagsgeschenk aussuchen oder nächste Besuche verabreden. Vielleicht halten sich Schwiegertöchter deshalb oft zurück, weil Schwiegermütter auch heute noch einen schlechten Ruf haben und die jungen Frauen von vornherein auf der Hut sind. Meine Versuche, eingefahrene Verhaltensmuster in der Familie aufzuknacken und zu verändern, sind nicht immer von Erfolg gekrönt.

Schwiegersöhne: im Idealfall hilfreich und patent

Schwiegersöhne sind oft graue Eminenzen im Hintergrund, sagen erfahrene Großmütter. Die meisten Schwiegersöhne können gut mit der Familie ihrer Frau. Wenn es dort etwas zu helfen gibt, sind sie da. Meistens jedenfalls. Ansonsten mischen sie sich in der Regel nicht weiter ein.

MEHR NACHWUCHS

Marie und Max bekommen noch jeweils ein Geschwister: Marie eine Schwester namens Sophie, Max eine Schwester namens Anna. Wir staunen, wie verschieden unsere vier Enkelkinder sind. Eine unserer Lieblingsbeschäftigungen: Ähnlichkeiten herausfinden. Wer hat was von wem? Wo gleichen sich die Geschwister, wo die Cousinen und der Cousin?

Kleine Persönlichkeiten

Jedes Kind ist eine ausgeprägte Persönlichkeit. Es wird spannend, unsere Enkelkinder in ihrer unterschiedlichen Entwicklung zu beobachten und jedem das zu geben, was es braucht. Bei Besuchen geht es immer turbulenter zu. Es ist nicht einfach, die verschiedenen Interessen unter einen Hut zu bringen.

Marie bezieht ihre neue kleine Schwester in ihre Rollenspiele mit ein. Sie selbst spielt die Mutter, die kleine Schwester muss immer das Kind sein. Marie schwankt insgesamt zwischen liebevoller Fürsorge und überschwänglicher Liebe, aber gelegentlich möchte sie die Konkurrentin auch gerne an die verantwortliche Stelle »zurückgeben«. Bei Max ist es nicht viel anders als bei Marie, nur dass er ein wenig ruppiger mit der kleinen Schwester umgeht, die er aber in der nächsten Minute wieder beschützen möchte.

Vorsicht, Eifersucht!

Die Erstgeborenen sind auf den ersten Blick zwar begeistert von einem Geschwisterkind, fühlen sich auf den zweiten jedoch zurückgesetzt. So will Marie plötzlich wieder bei Mama und Papa im Bett schlafen, Max will nicht mehr zur Kita: Wer weiß, ob sich der Neuling zu Hause dann nicht noch breiter macht!
Gegen Eifersucht hilft: viel Aufmerksamkeit, viel Zuwendung und das »neue« Kind nicht in den Mittelpunkt allen Interesses stellen. Sternstunden für Großeltern!

Als Maries Schwester auf die Welt kommt, springe ich ein. Ich zeige Marie, wie einmalig sie ist. Wie sehr wir sie lieben. Wie viel Freude es macht, sie zu verwöhnen. Das ist die reinste Labsal für Marie, denn schließlich wurde sie »entthront« und steht, zumindest vorübergehend, nicht mehr im Mittelpunkt. Marie möchte und darf bei uns übernachten und unsere ungeteilte Aufmerksamkeit genießen.

Gemeinsame Ausflüge, Besuche im Kindertheater, gemütliches Vorlesen und ausgiebiges Spielen sind jetzt angesagt. Natürlich gibt es Maries Lieblingsgericht und als Nachtisch das heiß begehrte Schokoladeneis. Schon bald aber ist die Schwester wieder interessanter als Oma und Opa. Wir sind erst einmal abgemeldet. Als Max eine Schwester bekommt, wiederholt sich die Zeremonie.

Liebe gerecht verteilen

Lotta, 48: »Mit meiner Enkeltochter bin ich ein Herz und eine Seele. Mein jüngster Enkel und ich waren uns dagegen nie grün. Ich litt unter schlechtem Gewissen, bis mir klar wurde, dass ich ihn eben anders liebe als meine Enkelin – würde ich ihn nicht lieben, hätte ich mich nicht so intensiv mit ihm auseinandergesetzt!«

Gerlinde, 64: »Der Opa liebt seine Enkelin besonders, weil er nur Söhne hatte und nun ein kleines Mädchen aufregend findet, das es einfach glänzend versteht, ihn um den Finger zu wickeln.«

Hannah, 58: »Zu meinem ältesten Enkel habe ich eine ganz besonders enge Beziehung. Er kam zur Welt, als meine Tochter noch studierte und alleinerziehend war. Später heiratete meine Tochter und bekam noch zwei Kinder, die ich viel weniger erlebt habe!«

》 Ich nehme mir vor,
meine Enkel gleich zu behandeln.
Das fällt nicht schwer,
denn es ist genug Liebe
für alle da.
Ich muss nicht teilen. 《

Die Liebe reicht für alle

Die meisten Großeltern stellen sich selbst Fragen wie: Liebst du die übrigen Enkelkinder wirklich genauso vorbehaltlos wie dein erstes Enkelkind? Hast du ein heimliches Lieblingsenkelkind? Wird nicht immer einer – aller vernünftigen Überlegungen zum Trotz – vorgezogen, der andere benachteiligt? Was ist, wenn ich auf Dauer doch einen besonderen Draht zu einem speziellen Enkelkind habe? Wenn Marie auf immer mein Sonnenkind bleibt, mein erstes Enkelkind, das so gerne malt wie ich? Wenn Max meine besondere Freude ist, weil er mutig und wild ist?
Meine Mutter hatte ein Faible für Mädchen. Sie lobte ihre Enkelin permanent über den grünen Klee, zog sie nach Strich und Faden vor und ließ ihre Enkelsöhne außen vor, die das nicht fassen konnten.

Jedes Kind ist ein Unikat. Einzigartig. Ganz besonders. Kostbar. Ein Kind mehr oder weniger lieben? Diese Frage stellt sich nicht. Jedes einzelne hat seine speziellen Eigenheiten, seine besonderen Stärken und Schwächen, und deshalb liebe ich jedes einzelne auf spezielle, einzigartige, andere Weise, aber in gleichem Maße. Bei einem Enkelkind bewundere ich seinen tiefgründigen Blick aus blauen Augen, bei dem anderen sein ungestümes Temperament, beim dritten seine ungeheure Neugier aufs Leben, beim vierten seine Gemütlichkeit. Alle Facetten zusammen ergeben eine einzige große Liebe. Diese große Liebe schließt die Eltern unserer Enkelkinder mit ein. Schon als unsere Söhne noch klein waren, wurde mir klar, dass die Liebe nicht in Mosaikstücke zerfällt, sondern ein großes Ganzes ist.

Liebe verändert sich

Keine große Liebe bleibt, wie sie ist. Sie verändert sich laufend – zusammen mit unseren Enkelkindern, die plötzlich anders aussehen und die immer wieder neue Vorlieben und Abneigungen entwickeln.

Alles ist im Fluss. Unsere großelterliche Liebe bleibt immer gleich groß, sie schimmert jedoch in neuen Farben. Sie hält sogar Dellen und Beulen aus: kleinere, auch größere Scharmützel, Entfremdungen. Im nächsten Moment blüht sie wieder auf, ist leicht und beschwingt. Ständig sehen wir die Kinder in neuem Licht, stellen uns neu auf ihre Persönlichkeit ein: Muss ich bei einem Enkel Abstand wahren, da er großmütterliche Zärtlichkeiten nur in geringer Dosis verträgt? Darf ich den anderen kräftig drücken, weil er Omaküsse mag? Und das nächste Enkelkind will sowieso nichts anderes als sich austoben.

Meine Omakünste bestehen darin, jedem Kind genau die Aufmerksamkeit und Liebe zu schenken, die ihm gut tut, und damit auch mir. Je nach Tagesform gelingt mir das mal besser, mal schlechter: jeder Tag ein aufregendes Gefühlspuzzle mit neuen Herausforderungen und

immer der Gedanke: Hoffentlich bleibt alles so gut, wie es gerade ist.

Eins weiß ich genau: Wir sind allesamt neugierig aufeinander. Wir unterstützen uns, treffen uns regelmäßig und tauschen uns aus. Wir geben uns Halt. Wir wissen, was wir aneinander haben: ein tragfähiges Fundament für die Zukunft. Hoffentlich bleibt das so.

BÜCHER, DIE WEITERHELFEN

Beil, Brigitte/Nitsch, Cornelia, Beide
Hände reich ich dir. Geschwister –
glücklich, wer sie hat, Goldmann
**Bentheim, Alexander/Murphy-Witt, Moni-
ka:** Was Jungen brauchen, GRÄFE UND
UNZER VERLAG
Elschenbroich, Donata, Weltwunder:
Kinder als Naturforscher, Goldmann
Gebauer, Karl/Hüther, Gerald, Kinder
brauchen Spielräume, Walter
Glaser, Ute, Die Eltern-Trickkiste, GRÄ-
FE UND UNZER VERLAG
Kast-Zahn, Annette, Gelassen durch die
Trotzphase und Jedes Kind kann Regeln
lernen, GRÄFE UND UNZER VERLAG
Kreusch-Jakob, Dorothée, Musik macht
klug. Wie Kinder die Welt der Musik
entdecken, Kösel
Kunze, Petra/Salamender, Catharina, Die
schönsten Rituale für Kinder, GRÄFE
UND UNZER VERLAG
Nitsch, Cornelia, Das große Buch der
Kinderreime, Bassermann
Pulkkinen, Anne, Spielen und lernen
nach der PEKiP-Zeit, GRÄFE UND
UNZER VERLAG
**Stamer-Brandt, Petra/Murphy-Witt, Moni-
ka,** Das Erziehungs-ABC: von Angst bis
Zorn, GRÄFE UND UNZER VERLAG

Bilder- und Vorlesebücher

Droop, Constanza, Auf dem Bauernhof,
Ravensburger
**Gelberg, Hans-Joachim/Heidelbach, Niko-
laus:** Märchen aus aller Welt; Beltz
Lindgren, Astrid, Das große Astrid Lind-
gren Liederbuch, Oetinger
Lobe, Mira/Weigel, Susi, Das kleine Ich
bin ich, Jungbrunnen-Verlag
Lück, Gisela, Leichte Experimente für
Eltern und Kinder, Herder
Nitsch, Cornelia, 300 Spiele. Drinnen,
draußen, unterwegs, Ulmer
Nitsch, Cornelia, Lirum, Larum, Finger-
spiel. Klassische und neue Kinderspiele
zum Vorlesen, Vortragen und Mitma-
chen, Goldmann
Rudolph, Annett, Mein erstes Fühlbuch.
Ich hab dich lieb, Ravensburger

ADRESSEN, DIE WEITERHELFEN

◇   **Bundesministerium für Familie,
Senioren, Frauen und Jugend,
11018 Berlin; www.bmfsfj.de**
*Beim deutschen Familienministerium
erhalten Sie eine Broschüre zum Thema
Elterngeld, das unter bestimmten Bedin-
gungen auch Großeltern in Anspruch
nehmen können. Auf der Website finden
Sie die Broschüre zum Herunterladen
sowie viele weitere Infos unter > Familie
> Leistungen und Förderung.*

◇ **Bundesministerium für Wirtschaft, Familie und Jugend, Stubenring 1, 1011 Wien, www.bmwfj.gv.at**

Beim österreichischen Familienministerium erhalten Sie eine Broschüre zum Thema Kinderbetreuungsgeld, auf der Website finden Sie die Infos unter > Familie > finanzielle Unterstützungen.

◇ **www.familienleben.ch www.ekff.admin.ch**

Hier erhalten Sie unter entsprechenden Suchbegriffen laufend aktualisierte Informationen zu finanzieller Unterstützung für die Kinderbetreuung in der Schweiz.

INTERNETADRESSEN

◇ **www.adac.de**

Unter dem Suchwort »Kindersitz« finden Sie aktuelle Testberichte zu Kindersitzen.

◇ **www.bahn.de; www.oebb.at; www.sbb.ch**

Infos zu Bahnreisen mit Kindern für Deutschland, Österreich, Schweiz.

◇ **www.dastelefonbuch.de/Notfallrufnummern.html; www.notfallnummern.ch; www.notrufnummern.at**

Alle wichtigen Notfall-Telefonnummern für Deutschland, Österreich, Schweiz.

◇ **www.duden.de**

Für die gemeinsame Suche nach unbekannten, geheimnisvollen Wörtern.

◇ **www.familienhandbuch.de**

Viele Informationen zu Familie, Erziehung, Partnerschaft, Beruf und mehr. Gemeinsam das Internet erforschen

◇ **www.bzzzpeek.com**

Wie grunzt die Sau in Mexiko? Kinder aus aller Welt ahmen Geräusche nach.

◇ **www.kidsweb.de/spiele/finspiel.htm**

Viele beliebte Reime für Fingerspiele.

◇ **www.kika.de; www.philipp-maus.de; www.tivi.de**

Schöne, kindgerechte Seiten für erste Internetkontakte, als Anregung für einen sinnvollen, aktiven Umgang mit Medien.

Vorlesen, Singen, Spielen

◇ **www.wir-lesen-vor.de**

Eine Initiative von ZEIT und Stiftung Leben. Vorlesetipps, aktuelle Buchtipps und vieles mehr.

◇ **www.uebersetzung.at/twister/de.htm**

Zungenbrecher auf Deutsch, in Dialekt und aus anderen Ländern!

◇ **www.kinderreimeseite.de**

Eine Sammlung der schönsten Kinderreime, Verse, Lieder und Geschichten.

◇ **www.singenundspielen.de**

Eine Fundgrube für alte und neue Lieder, auch zum Mitmachen und Bewegen.

◇ **www.volksliederarchiv.de**

Ein Archiv von fast 3000 Liedtexten, auch mundartliche und vergessene.

Register

 A

 B

 C

 D

 E

 F

 G

 H

 I/J

 K